人民美术家

喻继高卷

陈高潮　主编

北京工艺美术出版社
北京人民出版社

图书在版编目（CIP）数据

人民美术家．喻继高卷 / 陈高潮主编．-- 北京 ：北京工艺美术出版社，2023.10
ISBN 978-7-5140-2722-8

Ⅰ．①人… Ⅱ．①陈… Ⅲ．①喻继高－生平事迹－画册 Ⅳ．①K825.72-64

中国国家版本馆CIP数据核字(2023)第179764号

出 版 人：陈高潮
策 划 人：吴剑安
责任编辑：刘艳霞
装帧设计：吴雪芳
责任印制：王　卓

法律顾问：北京恒理律师事务所　丁　玲　张馨瑜

人民美术家　喻继高卷

RENMIN MEISHUJIA YU JIGAO JUAN

陈高潮　主编

出　　版　北京工艺美术出版社
发　　行　北京美联京工图书有限公司
地　　址　北京市西城区北三环中路 6 号　京版大厦 B 座 702 室
邮　　编　100120
电　　话　(010) 58572763（总编室）
　　　　　(010) 58572878（编辑部）
　　　　　(010) 64280045（发　行）
传　　真　(010) 64280045/58572763
网　　址　www.gmcbs.cn
经　　销　全国新华书店
印　　刷　涿州市荣升新创印刷有限公司
开　　本　635 毫米 ×965 毫米　1/8
印　　张　42
字　　数　120 千字
版　　次　2023 年 10 月第 1 版
印　　次　2023 年 10 月第 1 次印刷
印　　数　1 ~ 5000
定　　价　388.00 元

序言

为新时代画像

王野霏

“繁荣文艺创作、推动文艺创新，必须有大批德艺双馨的文艺名家。要把文艺队伍建设摆在更加突出的重要位置，努力造就一批有影响的各领域文艺领军人物，建设一支宏大的文艺人才队伍。”这是习近平总书记《在文艺工作座谈会上的讲话》中关于新时代中国特色社会主义文艺工作的明确要求，也是我们“人民美术家”新时代美术家丛书编辑出版的重要思想基础。

中华民族具有悠久的历史和灿烂的文化，美术是中华民族优秀传统文化的重要代表。新中国成立以来，全国美术界按照“为人民服务，为社会主义服务”的发展方向和“百花齐放，百家争鸣”的指导方针，取得了辉煌的艺术成就。改革开放，特别是党的十八大以来，我国美术界全面繁荣，生机勃发。歌颂党、讴歌祖国、为人民树碑立传的，人们喜闻乐见的优秀作品不断涌现；一大批德艺双馨的艺术家脱颖而出，引领着中国当代美术不断地健康发展，形成全面繁荣的大好局面。就美术家而言，其在美术创作实践中的阶段性艺术总结，无论是对其作品价值的再发现、再推广，还是对其本人和艺术的再提高，都显得十分必要。对于美术行业而言，阶段性梳理和总结新时代美术家的创作成就，特别是艺术大家的创作成就和艺术道路，是美术行业多年来形成的光荣传统。回顾历史，那些曾在各自的艺术流派做出非凡成就的美术家，如徐悲鸿、林风眠、刘海粟、潘天寿等，无一不是一边积极创作，一边不断总结梳理，将自己的创作经验和优秀作品结集出版，为后人留下宝贵的精神财富，在美术史上留下浓墨重彩的一笔。对于国家和社会而言，站在两个一百年的时间节点，借着建党一百年的春风，将那些德艺双馨的美术家的艺术成就结集成册呈现于世人面前，无疑是为新时代中国特色社会主义文化大发展、大繁荣献上的厚礼。

人民美术家根植于人民，为人民树碑立传，为人民发声，他们为时代画像，为时代立传，为时代明德，定将无愧于人民的重托，创作出更多、更好的时代经典以回馈时代，回馈人民。北京工艺美术出版社与北京人民出版社立足全国文化中心定位，面向全国，以新时代德艺双馨的标准遴选艺术家，合力打造的“人民美术家”丛书，意义重大而深远。我愿把这套书推荐给读者。

（作者系首都版权协会理事长、北京市委宣传部原副部长、市新闻出版局原局长）

喻继高

喻继高　1932年生于江苏省铜山县。当代杰出的工笔花鸟画家，国家一级美术师，国务院和江苏省政府表彰的对我国文化艺术事业发展有突出贡献的专家。曾任江苏省国画院副院长。现任中国美术家协会理事、中国画研究院院务委员、中国工笔画学会副会长、中国文联牡丹书画艺术委员会副会长、江苏省美术家协会副主席等。

1955年毕业于南京师范学院美术系，1957年参与筹备并调入江苏省国画院。作品曾参加全国第三届、第六届、第七届、第八届、第十届美展，并被国家入选参加众多的国际性展览。1986年、1988年、1997年分别在中国北京、广州，美国纽约联合国总部举办个人画展。为中南海、天安门城楼、钓鱼台国宾馆等处绘制了多幅花鸟画巨制。2002年被全国政协评选为“江苏十大优秀画家”。

出版有《喻继高画集》《喻继高工笔花鸟画集》《名家名画·喻继高》《丹青典藏·喻继高卷》等20余部画集。

喻继高在书房

目　录

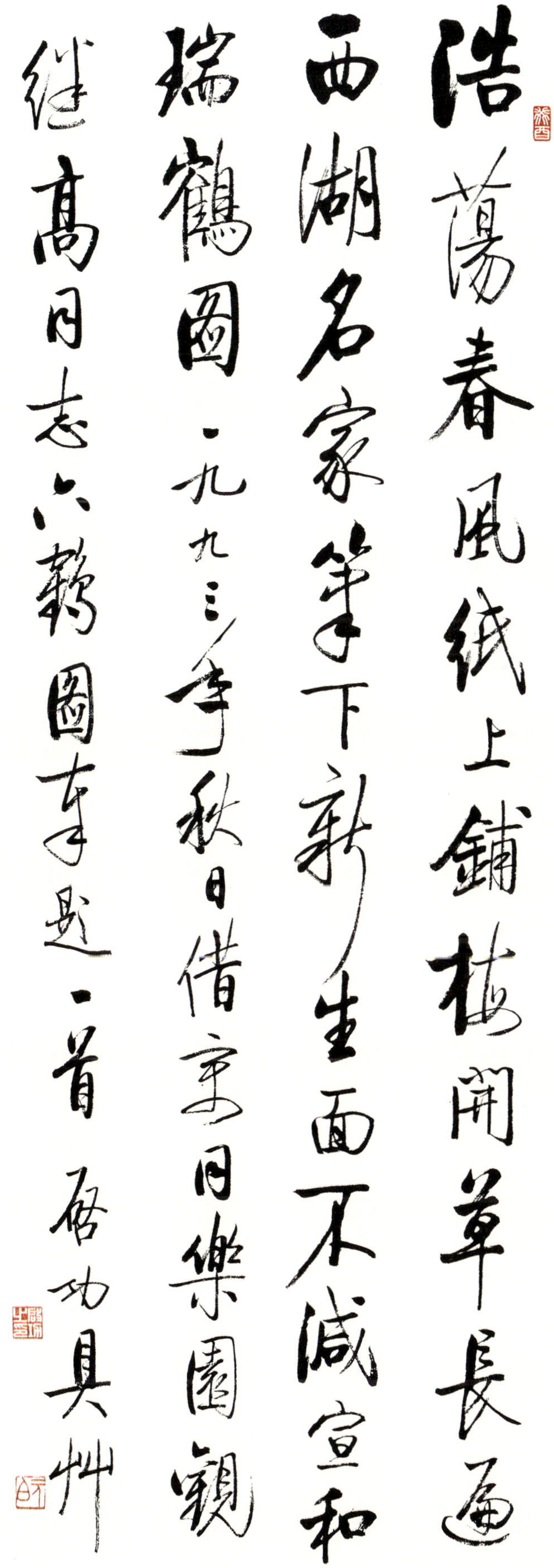

启功先生为喻继高巨幅作品《梅鹤迎春图》题诗

孔雀戏春 1981年 纸本 170cm×98cm

秋菊双歌
2008 年　纸本
90cm × 44cm

春满神州 2002 年 纸本 145cm × 346cm

荷香双鹤
1998年　纸本
179cm×97cm

梨花春雨
1978 年　纸本
131cm × 60cm

松鹰图 1995 年 纸本 167cm × 403cm

玉兰锦鸡 1982年 纸本 146cm×82cm

人民美术家·喻继高卷

诸家品评 »

给花鸟以生命的人

文／潘絜兹

人总是在生活中寻求美，在艺术中表现美，这是花鸟画产生和发展的根本原因。自然王国的花鸟有它自身的有限生命，世界上没有四时不谢之花和长生不死之鸟；而在艺术王国里，花鸟却可以获得永久的生命。我们观赏历时千载的五代黄筌的《珍禽图》和许多宋人的花鸟画小品，画家笔下那些花鸟虫鱼不是至今仍跃动着活泼的生命吗？艺术王国里那个鸟语花香的世界多么迷人，令人陶醉！

中国人民喜爱花鸟，中国花鸟画更具有民族的美学性，那就是“借物抒情”“天人合一”。在中国画家眼中，万物有情，“登山则情满于山，观海则意溢于海”，“感时花溅泪，恨别鸟惊心”。这情，其实是画家对自然的观照感受，也是自然对画家心灵的反拨。在这种情态下为花鸟写照传神，才不至于流为冷冰冰的图谱、标本，而使之成为艺术，才能赋予花鸟不朽的艺术生命。工笔重彩花鸟画要求物神物情和诗意表现的统一，这正是中国画的精髓和传统精神之所在。因此花鸟画的不同风格、流派、个性特征、时代精神，也才有迹可寻，找到它美学思想的根源。

从9世纪“徐（熙）黄（筌）体异”派生衍变的后世花鸟画中，工笔和写意两大流派（工笔画中又分勾填和没骨两派）形式手法虽异，精神实质却相同，即都是“写意”的。工笔是笔工而意写，勾线着色不是死描平涂，皆以写法出之；写意是笔写而意工，意存工谨，笔不妄下。两派各有千秋，无分轩轾。但是由于后世文人画论重写轻工、重墨轻彩的偏见影响，工笔重彩花鸟画遭到了长期的冷落，得不到

松鹤长春
1984 年　纸本
179cm × 97cm

创作中的喻继高

正常的发展，直到近代，始有转机。特别是十年风雨过后，在民族振兴的新机遇下，才迎来了工笔重彩花鸟画的大好阳春。

回顾历史，中国工笔重彩花鸟画从人物画配景地位脱离出来，便如蛹化蝶，振翅而飞，曾有过五代两宋的辉煌时期，无论题材、形式、技法、意境方面都有很大的开拓和创造；许多画家曲尽物理，穷究生态，表现了花鸟的自然之美，并赋予种种寓意和诗的情趣，许多优秀之作，成为后世难以企及的典范。因此今天复兴工笔重彩花鸟画，起点和要求都是很高的，既要继承，更要超越，进入前人所未曾达到的更高的艺术境界，这是时代向画家们提出的难题。

我们新一代有志气有抱负的工笔重彩花鸟画家迎难而上，以各自的艺术实践作出了不负众望的回答。在这画家群体中，我看到了步履坚定奋然前行的喻继高同志，他是党所培养的和新中国一同成长的画家，他在工笔重彩花鸟画上的卓越成就引人瞩目。

继高同志的工笔重彩花鸟画近师陈之佛先生，远祖五代两宋，更直接以造化为师，而熔铸以个人的生活感情。从他的花鸟画中，我们可以感受到大自然的蓬勃生机和新时代的昂扬诗情。他很少去描绘罕见的奇花异卉、珍禽异兽，而着眼于生活中常见的花果虫鸟，给人以一种朴实亲近的乡土感情。他的画没有古代院体画那种矜持作态的富贵气、宫廷味，也没有古代在野派那种恬淡幽远的隐逸气、江湖味，它是入世的、属于我们新的时代和人民的艺术。繁盛、充盈、丰实、欢乐、光彩照人、典雅秀丽、风流蕴藉、活泼天真、雍容豁达、泱泱大度，这就是继高同志工笔重彩花鸟画的基调和风格。读他的画，如同聆听一部华彩乐章，或者说是急管繁弦的江南丝竹，是对大自然的讴歌，对生命的赞颂，对美和爱的咏叹，唤起人们热爱生活、热爱劳动、热爱乡土、热爱人民的美好感情和高尚情操。因为花香鸟语、春华秋实，是大自然的赐予，更是世世代代劳动人民血汗浇灌的祖国沃土的绿色生命。画是无声诗，于无声处我们感受到时代的脉搏跳动，听到画家的心声，这是一颗人民艺术家炽热的赤子之心。他对祖国一草一木爱得那样执着和深沉，一笔一画都充满了感情。

继高同志生长于苏北农村，家境贫寒，从小就干农活，磨炼了他坚强的意志和热爱劳动的品性，也培养了他对大自然和花鸟虫鱼的深厚感情。他心中的艺术种子在这块沃土上发了芽，爱上了绘画，由于他的刻苦努力，终于在红旗招展的1951年考入了南京大学艺术系，开始了一个放牛娃的艺术征途。

1996年在中国美术馆与潘絜兹、崔子范先生合影

1986年拜见李可染先生

喻继高在荣宝斋与白雪石先生、宋文治先生畅谈

他赶上了好世道，遇到了好老师，傅抱石先生渊博的美术史知识和陈之佛先生卓越的工笔花鸟画成就，引导他进入传统绘画的大门，并选择了工笔重彩花鸟画专业。童年的憧憬成为现实，这对他是多么大的鼓舞啊！

造就一个艺术家离不开天才和勤奋。继高同志有绘画的天禀，更有坚毅的进取精神，他几乎放弃了一切休息和娱乐，沉浸在艺术天地里，顽强学习，刻苦练功，不久便掌握了传统的勾勒填彩画法和常州画派的没骨画法，更深刻领会了陈之佛老师继承院体画兼收西洋绘画和民间美术之长来开宗创派的博大精神，成为这位独具慧眼爱惜人才的画坛前辈的入室弟子。继高同志并没有踌躇满志，就此止步，而以更多的时间和更大的精力投入自然的怀抱，从事写生，细心观察花鸟生态，大量积累创作素材，常常废寝忘食，花开花谢不知倦息。他那些精妙生动的花鸟画创作，都是在这种情况下厚积薄发不断涌现出来的劳动成果。乡贤恽南田“作扁豆一枝，游棚下三月”的精神在继高同志身上更加突显出来。

继高同志坚持写实风格，创作态度十分严肃。他很重立意，每幅作品都经过缜密的思考，构图、造型、色彩、意趣都要反复推敲，做到一枝一叶不可移易，画成之后无懈可击，即使作尺幅小品，亦如狮子搏兔拼用全力。他认为塑造一朵完美的花，并不比画一幅人物容易，因为“物各有神明”。人有生命，花鸟也是有生命的，必须像画人物一样把它画活，能够传神。他正是这样一个为花鸟创造生命的人。

美的歌颂是贯穿在继高同志工笔重彩花鸟画中的主题，也是时代的主题。不能要求花鸟画像人物画一样直接反映生活和斗争，它只能给人以一种情绪的感染，起到陶冶性灵、鼓舞斗志的积极作用。继高同志对花鸟画的功能有清醒的认识，他没有生硬地往花鸟画上贴政治标签，或写上说明题旨的多余的话，他的作品本身已经体现出社会主义时代欣欣向荣、蓬勃向上的精神风貌，表达了人民的美好愿望与理想。他了解、熟悉人民，为人民而画，他的绘画语言自然、雅俗共赏，时代精神不求自现，这对那些刻意求新、故作姿态、怪诞骇俗、折磨群众的所谓的艺术革新家们，不啻一服清凉剂。绘画不能脱离生活、脱离人民，绘画中的“自我”要与人民同在，中国画的改革，必须坚持走“推陈出新”的道路。继高同志的工笔重彩花鸟画艺术，增强了我的这一信念。

（作者系著名工笔人物画家、中国美协常务理事、中国工笔画学会会长）

创作中的喻继高

继往开来　大师之路

文／贾德江

追溯中国工笔花鸟画的源流，宋徽宗赵佶是绕不开的存在。作为一代帝王的明智和昏庸，我们姑且不作评价，然而在中国绘画史、书法史上却不能没有他浓重的一笔。他的不朽功绩在于，他开创了两宋工笔花鸟画的新局面及瘦金书体，由此成为当之无愧的开宗立派式的人物。

当代工笔花鸟画大家喻继高便是踏着这位帝王的脚印，走到现代工笔花鸟画大师陈之佛的身边，继承了他们所代表的传统，又光大弘扬了这一传统。他秉承“对花写照、为鸟传神”的传统衣钵，以重写生、尚形神、坚骨法、淡色泽的双勾设色花鸟，表现了大自然繁茂向荣的生机，形成了清新、自然、典雅、温馨、娟秀的画风。他以“不减宣和瑞鹤图”的精深造诣和发展陈氏艺术的理想目标，以大量有相当影响力的作品接续了“南派”工笔花鸟画的辉煌，崛起于江南，卓然成家，名满艺林，光照全国。

喻继高是一位最典型的变革不忘传统、继承而又创新的现代艺术家。在他迈逾半个多世纪的艺术生涯中，一直为中国工笔花鸟画的振兴而百折不回地奋斗着。这种自强不息的拼搏精神就落实在他的画中，实实在在地展现在那里。他的许多脍炙人口的作品已经在艺术史上占有了坚实位置，在有关 100 年、50 年和近 20 年的中国经典画册和绘画史中，少不了那些已成为经典的作品。20 世纪 70 年代初，他顶住“四人帮”的压力创作的《荷香鸭肥》就走进了千家万户，成为轰动全国的引人注目的

喻继高与中国画艺术大师李可染（左四）、邹佩珠（左六）夫妇合影于中国美术馆。左一为喻慧，左七为屠美如

喻继高与刘文西、陈光健等陕西著名画家在枣园的毛泽东、周恩来、刘少奇、朱德、任弼时雕像前留影

喻继高与著名画家郭怡孮等在河南洛阳龙门石窟留影

新金陵画派九位画家在北京人民大会堂接见厅留影。左起：贺成、卢星堂、范保文、喻继高、华拓、朱葵、叶维、盖茂森、赵文元

大作；70年代末，在中国画坛刚刚恢复创作自由的时候，他的《梨花春雨》以吟唱文化解冻与复苏的清新之曲，赢得了广泛的共鸣，并在以后的第七届全国美展中荣获奖项；80年代的中国画艺术呈现多样化发展的态势，他坚定地高扬维新传统的大旗，在中国美术馆举办个展，把一个春光无限的画卷奉献给时代；90年代他以前所未有的巨幅工笔花鸟画创作，开启了殿堂花鸟画的先河，为树立国家文化形象做出了表率；新世纪伊始，在传媒中、在展览内、在出版物里、在拍卖会上、在街谈巷议中、在国家神圣的殿堂，他的艺术被反复评说。他的艺术已成为当代工笔花鸟画的一个象征，象征了中国工笔花鸟画的一代历史高度，甚至他和他的艺术也象征了中国工笔画从传统走向现代的辉煌。这一切都是众所周知、有目共睹的事实。

他能穷追两宋院体画在精严细腻中透出典丽富贵的审美趣味，也可以比文人工笔画所追求的自然、适意、清净、淡泊的人生境界更重感受而意从工出；他既能临摹古迹，落笔乱真，也能走出传统，面对自然，赋予传统以内在的新生命；他既得恩师陈氏“南派”淡雅清和之超逸风神，也取“北派”于氏浓艳富丽的格法之妙，冶南北于一炉，清中寓厚，淡中寓浓，雅中寓艳，在面向现代时，以厚重的传统底蕴，展现了当代人的审美观念。喻继高思接千载，紧步大师后尘，以前瞻性的超越和自身充分的学术质量，成为“目前中国工笔花鸟第一人”。正如古人所言：“非尽百家之美，不能成一人之奇；非取法至高之境，不能开独造之域。”这不仅需要足够的才华，而且需要革故鼎新的勇气，喻继高就是这样的一位画家。他还是他这一代画家中高产的一位（以创作作品而言，他的数量可能是最多的），直至耄耋之年，他仍然坚实地沿着自己艺术发展的轨迹走向更为广阔和精深的层面。

如果说，中国的传统文化由庙堂文化、文人文化、民间文化三大板块所组成，那么喻继高的工笔花鸟画则既有庙堂的富贵之气，也有文人的高雅之格，更有大众的亲切之感。三种文化的相互渗透，使他的作品受众可以超性别、超民族、超文化而具有广泛性、人民性、现代性。最根本的原因是喻继高画的本身就是来自大自然的杰作，其纯正、自然、积极入世的正大气象，具足了真、善、美的人性光彩，表现的是人类共同的理想和欲望。比如，他画牡丹的雍容华贵，他画松鹤的延年益寿，他画荷花的清逸高洁，他画白鸽的和平境界，他把一个普通人的情感画在画里，画出了人民的追求与向往，画出了民族的尊严与高贵，画出了对美好生活的祝愿和企盼。

喻继高的花鸟世界，改变了几千年以来似曾相识的面貌，在传统与现代、艺术

莲花赋 2006年 纸本 195cm×472cm

与生活、东方与西方的沟通中，摆脱了传统那种陈陈相因的固有程式，而以新的图式、新的色彩、新的绘画语言构成具有时代感的艺术个性，是以往所未有的新视野、新气象、新格局，带给人们的是一片绚丽、一片灿烂、一片生机，一片祥瑞之气。

进入21世纪，经济腾飞国富民强的时代春光，激发了他的青春和活力，他的兴奋点一波未落、一波又起，不仅多产，而且多为精品。这时候他的艺术心态无比透脱，胸怀更为坦荡，心无挂碍，物我两忘，完全沉浸在他的花鸟画创作的自由王国之中，用他自己的方式，画他自己的感受，用他自己的情感和手段，创造自己的

艺术样式，把心灵深处的花情鸟意，尽情地倾泻在他的绢素之上。不仅是他的大幅工笔花鸟成为国家重要场所的一大亮点，他的立轴斗方也精妙绝伦，广为人们激赏。显然，工笔花鸟传统在喻继高这里得到了承继与发扬。喻继高的哲思、诗性、书法修为、生活蒙养，特别是对艺术本体的高度重视，综合地显现了他继往开来的艺术品格与美学价值。他是一位具有文化使命感的艺术家，因此我们在他的作品中往往体验到一种非常的生命气象和高雅的文化气息。也就是说，喻继高的本土情结与民族意识是发自骨髓深处的文化理念。我们有理由相信喻继高的绘画实践正是其个性

芳春三月 2006 年 纸本 63cm × 63cm

气质与时代感召的结果。在某种意义上，它是一种证明，证明中华文化精神的现实活力，它赋予历史和今天的则是喻继高足可以雄踞世纪之交伟大的中国画前列而无任何愧色。因为，喻继高毕生攀登而上的不是小山小峰，而是与历代大师比肩的大山峰顶。

我最敬佩的是这位艺术大家的人品和艺品，一生虚怀若谷，诚朴实在，以善为本，灵根清净。他以“超然无争自固气，大度容人不独尊”的高旷情怀，一心执着于艺术，如烛光朗照，洒向人间都是爱。我愿为之书，为之歌，为之颂。

2013 年 6 月 1 日于北京王府花园

双鹤临春 1992年 纸本 172cm×95cm

高贵与平易

——散论喻继高工笔花鸟画艺术特征

文／尚　辉

中国画原本只是工笔画，至少在唐代以前是这样。写意画自唐代兴起并独立后，才使中国产生了工笔与写意的分野。显然，相较于写意文人画，工笔画更注重对审美个体的谨细再现，它更多保留了“第一自然”的造型特征和色彩特征。这种造型的准确性虽不是某个特定视角的真实再现，甚至不需要表达现场感，但它从来没有像水墨写意那样，让客体造型服从于笔墨的需要而予以整合。在造型与色彩上，工笔重彩完全是通过“增”与“减”来实现主体对于“第一自然”文化的呈现，而不是像水墨写意画完全从“第一自然”中抽离出来去强化“笔墨”的本体。中国画的命脉“笔墨”在工笔画领域主要体现为“用笔”，纯粹的“用墨”只占极少的部分，甚至可以略去；而一般意义上的“用墨”在工笔重彩领域转换为“用色”，用色多以渲染而呈现为“面”，这和西洋画中的敷色并无根本差别。而“用笔”则体现为线条的勾勒，它既表达审美客体的造型，又是工笔重彩作为中国画各属标志的质；它既能体现主体艺术表现的功力，又隐含了主体的气质、文化、个性和学养。因此，如果取消了工笔重彩中的线条，也就消解了工笔重彩作为中国画的种籍。这或许可以说是工笔重彩画的本体。

工笔重彩画的程式绝无写意画那样繁杂，如点、染、皴、擦在水墨山水中就有许多固定的程式，工笔重彩画的最有特征的语言就是双勾重彩。双勾重彩解决了工笔画线与面、线与色的矛盾对立。双勾重彩的线条与面形成了工笔画再现客体的特

殊造型方式，这种造型介于体面和线面造型之间，既可进行体量表达又可予以平面装饰，从而赋予工笔画造型以特别的意蕴。双勾重彩的线与色解决了作为假定性的线条与客体固有色之间的矛盾对立，线与色随着被表现对象造型的变化而有机融为一体，既再现了客体，却又遵从主体的某种虚拟程式。

由于工笔重彩画肖于形物，谨守自然，它在文人写意画兴盛之后而式微衰退。因此，工笔重彩画再度复兴的历史条件必然和写实主义的美学思潮紧密联系在一起，而写实主义美术是20世纪中国的主流美术，在这样的时代氛围中，工笔重彩画的发展真正被赋予了继往开来的历史使命。在20世纪，工笔画首先得到刘奎龄、于非闇、陈之佛等花鸟画家的关注，在50年代后渐进至人物画领域。工笔画的全面改观并得到长足发展，应在新时期之后。这种改观与发展是在西方写实观念与表现技巧的影响下发生的，它突破工笔画的本体语言，在整体上呈现从古典形态向现代

芳林沐春（与苏君合作） 2003年 纸本 68cm×136cm

莲塘鹡鸰 1995 年 纸本 82cm × 220cm

形态的转换。工笔重彩画的现代形态至 20 世纪 90 年代后逐渐确立，它主要表现为两大特征：一是淡化工笔画的某些程式，使工笔画的传统模式向再现写实的观念与语言上靠近。如人物刻画偏向全面造型，甚至注重对某一特定视角（焦点透视）、特定环境和特定时间的描绘；在花鸟画上，背景的渲染和描写则大面积地留白。这些作品都注重氛围渲染和情境意蕴的表达，而把传统线条的勾勒置于次要的地位。二是强化平面装饰意趣。这类工笔画，或是在造型上，或是在色彩上夸大"第一自然"

的某些特征，使之具有律动感和节奏性。它与前者是反向的，传统更富有形式意味，在新材料、新技法的拓展上则更注重对其他绘画种类的吸收和借鉴。

20 世纪的这种转型，既是个体的又是集群的，既有渐进的嬗变又有突驰的飞跃。为此，20 世纪以来数代工笔重彩画家付出了艰辛的探索和毕生的心血。出生在 1932 年的喻继高，于 1951 年考入中央大学艺术系而正式开始了他的艺术历程。他艺术创作的关键阶段也正是中国工笔重彩画现代形态的确立时期，他对于传统的信守和对于现代审美意趣的吸纳，使他的艺术实践具备了这种形态转换中的某种典型性。

逸笔草草，不求形似，几乎将“极乎神而尽其微，资于假而迫于真”的工笔重彩画逐出文人画的范畴。耐人寻味的是，喻继高的工笔花鸟让人们爱不释手，百读不厌。那高洁的碧荷、典雅的玉兰、秀丽的春桃、繁盛的木棉，让人们一次次去玩味似婉派词人那样的清新、瑰丽、蕴藉、迷蒙的意境。如他笔下的《梨花春雨》不仅对细雨绽开的梨花有极尽其妍的描绘，更刻画了一对振翅掠过的春燕，正像史达祖《双双燕》的妙句“飘然快拂花梢，翠尾分开红影”。又如《荷塘鹡鸰》画面，虽仅画了数片碧荷，却通过一只鸣脆的鹡鸰，暗示出像柳永《望海潮》那样“有三秋桂子、十里荷花”的广阔意境。在喻继高的笔下，许多花花鸟鸟都富有人的姿容、情调、意趣，或“东风睡足交枝，正梦枕瑶钗燕股”，或“草脚愁苏，花心梦睡”，或“翠叶吹凉，玉容销酒”……

倘若把喻继高的工笔花鸟仅仅归结为以形写神，是直观真实的再现，是远远不够的。“古画画意不画形，梅（尧臣）诗咏物无隐情。忘形得意知者寡，不若见诗如见画”。如果我们把欧阳修的这首诗反过来理解，即由“言外之意”推及“画外之味”，那么由喻继高的绘画

小雀戏蜂 1994年 纸本 直径46cm

玉兰伯劳 1997年 纸本 直径46cm

而产生对宋词的联想，可见其工笔重彩花鸟在审美价值上与宋词有等同效用，即超越状物写形而“含不尽之意于言外”。这正如李清照的“雾浓花瘦”“绿肥红瘦”，不言“多”“少”，而是用“肥”“瘦”来映射内心对自然、人生的怜爱和慨叹一样，“肥”“瘦”既是心境的一种感应和对比，也是诗人艺术语言的一种凝练和创造。喻继高的花鸟世界之所以不是直观真实的再现，是因为他进行了与李清照“雾浓花瘦”“绿肥红瘦”相同的审美移情创造，即通过画家主观情感和记忆的淘筛过滤而净化升华的一种艺术境界。其叶、其脉、其萼、其蕊，不再是单纯的自然形态；其雾、其花、其红、其绿，已经负载了画家所赋予的“肥”“瘦”情感与意趣。

其实，元四家倪瓒所言“仆之所谓画者，不过逸笔草草，不求形似，聊以自娱乐耳”，是兴之所至的过言之论，其笔下画境与太湖自然山水的源流关系不仅在与“不求形似”唱反调，而且他自己从来没有过“逸笔草草”。如果抛开历史的成见剖析这句文人画的经典言论，其背后所反映出的，是画家们应该如何集中地解决从客观物象的描绘中获得最大的创作自由和最充分的自我表达的创作问题。应该承认重彩比水墨在最充分的自我表达上所受到的局限要大得多，但它并不能说明工笔重彩不能从客观物象的描绘中获得最大的创作自由。正像不是所有的水墨画都写出了“意”一样，也不是所有的工笔重彩都不能“写意”。

细细咀嚼喻继高花鸟世界那似婉约派词人所营造的诗境，令人信服地说明画家是怎样捕捉情感中的感觉真实，而减弱直观中的细节真实。就东方传统绘画的精髓而言，捕捉感觉中的那种真实恰恰是“以形写意”的另一种表述，喻继高绘画所体现的，也恰恰是东方传统艺术那些最富有特征、最富生命的东西。

倪云林的过言之论，成为后世空泛、荒率、恣肆文人画的一个理论误区，而捕捉感觉的真实并非空中楼阁里完成的传移模写的些“古人脚汗子气”。没有真切强烈的审美感受，何谈捕捉之有？喻继高的《梨花春雨》一再让笔者联想起岑参的“忽如一夜春风来，千树万树梨花开”的名句，诗人在《白雪歌·送武判官归京》这首诗中，用春夜梨花怒放的形象比喻“胡天八月即飞雪”的“急”，显然出于他在彼时彼地强烈而深刻的感觉印象，正是这种强烈而深刻的感觉印象，才让他架起了从“胡天飞雪”到“春夜花开”的联想虹桥。画家在谈到《梨花春雨》的创作过程时，再三强调1976年4月溯江至武昌，在东湖十里堤岸目睹雨绽梨花胜境的激动心情。可以想见，阒无人处，画家独自撑伞、徘徊于花径那种妙悟自然、物我两忘的感受状态同样也像岑参对“胡天八月即飞雪”的强烈感受。复瓣梨花，在中国绘画史的长廊里还不曾有过表现的先例，这最宜诱发画家的表现创造欲。就笔者看到当时画家勾勒的速写稿子时，已是极尽其妍的。

需要暗示读者，画家目睹胜境的那一日恰恰是1976年4月5日，这是中国历史上苍凉而悲壮的一页，一个沉重的日子。画家眼中的春雨梨花，是“感时花溅泪”，还是“恨别鸟惊心”？不论如何，那一定掩埋着一个独特而复杂的情绪。但《梨花春雨》的格调是清新积极的，正像画中“飘然快拂花梢，翠尾分开红影”的双燕预示着不可遏制春天的到来一样，中国政治风云的最后一块暗云终被拂去。1989年画家饱含激情将《梨花春雨》绘成巨幛《梨花春燕》入选第七届全国美展，并荣膺铜奖。社会的承认，反映了人们对作品中的隐喻的共识。《梨花春燕》因与时代共振而成为画家一生中具有里程碑意义的一幅作品。

艺术创造，依赖于审美触觉的敏感度，而神经末梢的敏锐又取决于创作心理机制的能动状态。没有这种能动状态，心灵的窗扇是封闭的，像遮掩上一块厚厚的帷幕。那么，激动也只能是即时的冲动，昙花一现，不可能架起艺术想象的虹桥，把睹物与思人联系起来，赋予审美客体以新的意蕴，在审美对象中肯定自己。正因为喻继高审美心灵的窗扇始终向自然、人生、社会敞开着，所以他才那样善于捕捉微妙的生命感觉，提炼升华自然的美。

不唯艺术家本人审美心灵的窗扇有时难以洞开，就审美客体而言也非时时都闪烁着它那美妙的一面。倘若东湖十里岸畔，人声鼎沸，日中当午，梨树只是有限的几株，那么，绝不会产生那种幽深宁谧的独特氛围，自然也难以激起画家的创作欲。因此，保持创作心理机制的能动状态，主动探寻瞬间即逝的自然美，同样要付出艰辛的努力和相当的代价。在喻继高的创作历程里，他曾不畏高山反应，跋涉数千里去寻觅寒带杜鹃；他曾冷落热恋中的女友，只身在玄武湖畔凝神写生盛绽的玉兰；他曾单骑数十里，在牡丹之乡菏泽晨观花开不知倦返……这不禁令人联想起日本绘画大师东山魁夷的散文《一片树叶》里的一段感悟：“如果花儿常开不败，我们永远活在地球上，那么花月相逢便不会引人如此动情。花开花落，方显出生命的灿烂光华，爱花赏花，更说明人对花木的无限珍惜。地球上瞬息即逝事物，一旦有缘相遇，定会在人们的心里激起无限的喜悦。”不断流转的命运在描画着生成和衰灭的圆环。喻继高涉水跋山，奔走千里，去捕捉逝水般的花容月貌，因为他真正懂得人与自然都连接在一条绿色的生命链环上。

玉兰、碧荷、梨花、春桃、木棉、杜鹃一再出现在喻继高的笔下，似乎也像杜甫“为人性癖耽佳句，语不惊人死不休”一样，表现出画家对特定题材的浓厚兴趣和对同一题材不同表现形式的反复推敲与摸索，也就是在如何表现方面永不感到满足的无休止的追求。

喻继高出生于穷乡僻壤的苏北农村，但清贫并不能吞噬所有的欢乐，特别是对孩子们来说。当幼年的喻继高与邻里的孩子结伴去野外放羊割草时，当盛夏的午后他脱光了衣服下湖抓鱼摸虾时，当他学着三爷爷扎糊彩蝶风筝到早春的旷野里去放飞时，他对那片蓝天下的白云、绿草、羊群、禽鸟都曾产生一种深厚的感情。那些伴着纯真童稚的遐想时刻，积蓄了他对大自然辽阔、

玉兰小鸟 2002年 纸本 68cm×68cm

变幻、秀丽、神奇的初识。人，天生就是喜欢美的。因此在农村，多苦的人家，屋里都会有点美术，即使是从香烟盒上剪下一只鸟儿、一张美人也罢。画家至今依稀记得，那时家居堂屋的两侧隔栅上，俨然悬挂着的不知出自何人手笔的四条屏画。那些展翅欲飞的禽鸟、栩栩如生的花草是如此撩拨着他，那些时隐时现的线条、明媚粲然的色彩又是如此引诱着他。

当然，幼年的画家几乎没有机会欣赏到高级艺术，他能看到的，只是民间的、普及的，如灶王爷、布牌子、捏面人、年画之类的艺术。但是，正是这些进入千家万户的东西，给了他很多知识，使他知道了很多故事，特别是戏曲表演艺术曾给他很大的启发。幼年的感受，故乡的印象，对于一个画家来说，是非常重要的东西，正像母亲的语言对于婴儿的影响。这种影响和画家一同成长着，可以影响他毕生的创作。它的营养，像母亲的乳汁一样，会长久地在画家的血液里周流，抹也抹不掉。

就戏曲艺术来说，人们之所以可能对同一段唱腔、同一段折子再三进行欣赏，那是因为人们的审美心理已不再关注故事情节的诱惑，而是不断地、尽情地展开在

与方祖岐上将、时任中国文联书记处书记覃志刚、时任中国国家画院院长杨晓阳在参观喻继高艺术之家前留影，一同参观的还有梁勇、王慧芬、屠美如、高云、王雪春等

当舍弃道具之后，怎样通过唱、做、念、打的表演将人们带到特定环境中的欣赏过程。戏曲表演所体现的恰好是有所不为才更有所为的自由。画家对同一题材表现出的永不感到满足，既是画家幼年对此深深埋下纯真的情感所致，又像传统的戏曲表演艺术一样，在同一题材的反复表现过程中不时释放这一积蓄的情感，并递进式地体现在创作上。

喻继高有幸在中学时代就聆听了北派古筝演奏家的代表人物——郭辑光先生的抚筝拨捻，而产生对民族乐曲的极大兴趣。那碧空如洗、银月暗渡的“平湖秋月”；那芦花汀渚、雁鸣霞收的“平沙落雁”；那松声涧幽、瀑布打石的“高山流水”，都曾给成长中的画家以无限的遐想和深刻的艺术启迪，姊妹艺术的触类旁通，为创作上获取更大的自由打下了深厚的基础。因此，当傅抱石先生关爱地拿出与《八十七神仙卷》等大的照片赐授喻继高临摹时，他一下便领悟了《八十七神仙卷》那秀逸洒脱、刚劲委婉的线条，与传统戏曲的唱腔、民族乐曲的弦音是相通的，“好像是一根富有变化的蚕丝”。

这根富有变化的蚕丝，贯穿起他自幼年便开始的对中国民间文化

与著名美术评论家孙克（右一）、王仲（右二）在一起

与中央美术学院院长潘公凯先生在一起

与北京画院院长王明明（左）、谢志高（右）合影

和传统艺术的领悟。在他对特定题材的表现永不感到满足的无休止的追求中，在宾主、虚实、轻重、冷暖等矛盾的结体关系中，在风格的严肃与活泼、雄浑与灵巧、沉郁与清新、博大与缜密等对立统一的关系中，都显示他那与众不同的艺术个性。

对喻继高的一生来说，生活曾向他展现过许许多多次造就他艺术生命的契机。在他刚刚踏进艺术的门槛时，便有幸陶染在傅抱石、陈之佛等一代骄子的左右，亲炙其教诲。作为20世纪水墨山水画的大师，傅抱石对喻继高的影响主要是精神上的。这表现在傅抱石的革新精神依托在深厚的传统功底上，它给喻继高的启示就是中国画讲究承传，中国画的变革与创新都必须建立在承传的基础上；没有承传的变革与创新都难为中国画所接纳。这大抵形成了喻继高的基本艺术观念，即中国画只有在自身体系内才能完善与发展。综合喻继高一生的艺术实践都无出其右。

作为20世纪工笔花鸟画的大师，陈之佛对喻继高的影响是深至其骨肉血脉的。

出生于19世纪末的陈之佛，于1918年东渡扶桑并进入东京美术学校攻读工艺图案，20世纪20年代归国后在上海创办“尚美图案馆”，30年代后在工艺美术的教学、研究之余开始涉猎工笔花鸟画的创作。大器晚成的陈之佛，虽然40岁之后才专攻工笔花鸟画，但他早年所从事的工笔花鸟画自觉或不自觉地流露出平面设计的影子。在构图上减弱景物的深度感，折枝处理不过多地重叠，花果、枝叶、禽鸟与背景几乎是各自独立的，较少作为一个特定环境的现实空间予以描述。这是最地道的工笔花鸟画的传统程式。应该说，西洋绘画的色彩观念为他最终走上工笔重彩的道路起到了决定性的作用。不过，他不是机械地将那些色彩学上的知识搬移到画面上，他以写意画的“水化墨”和没骨画的“撞粉法”推演出的“积水法”，正是他洋为中用的一个切入点。他的艺术高峰期在50年代之后，那是他艺术思想得到升华的时期。在《海棠绶带》《樱花小鸟》《鸣喜图》《榴花群鸽》《蔷薇白鸡》和《和平之春》这些脍炙人口的作品里，恰恰折射出他个人由孤寂落寞、超尘绝俗的心境到明快清新、活泼隽逸的情调的转变过程。不慕浮荣、不趋时好、不夸言巧语，正是他在作品中揭示的人生态度。

作为陈之佛先生晚年的入室弟子，喻继高于20世纪50年代初即随其研习工笔花鸟画。从那时起至陈之佛逝世，喻继高跟随先师长达十年光景，这十年几乎决定了喻继高以后的创作道路。这个影响至少有三个方面。

一是直接对陈之佛先生工笔花鸟画技艺的研习。在之佛先生的门下，他“用最大的功力打进去”。他对《荷花蜻蜓》《柳荫鸣蝉》《紫薇》和《虞美人》等这些

南京大学美术研究院设立喻继高教授艺术研究室，图为揭牌仪式

先生的精品都曾下苦功夫临写，熟烂于心，他对陈之佛工笔花鸟画的构图程式、设色技巧、创作过程乃至独特的“积水法”都把握得贴切入微，在此基础上远追宋法近承元意，取宋人勾线用墨之坚实而沉厚，得元人枝干线条之灵秀而圆润。

二是陈之佛个性对他的影响。青年时代的喻继高和傅抱石、陈之佛都有密切的接触，如果说傅抱石的性格和他的破墨散锋皴一样是爱憎分明、刚烈豪放型的，那么陈之佛的性格则也和他绵柔劲挺的线条一样是柔中寓刚、温和儒雅型的。喻继高虽出生于苏北，但他的性格中不乏江南人的蕴藉柔和、不温不火、不刚不烈。所以，他才能在陈之佛的艺术世界与之碰撞出火花，产生出共鸣，而十年师从陈之佛，无疑又会把这种个性放大出来，进而升华为一种艺术个性。

三是对花鸟画艺术创作规律的认识。这十年，是陈之佛艺术创作的高峰期，和山水画一样，中国花鸟画在这十年面临着最艰难的现实考验，即传统中国画怎样体现时代精神的问题。在20世纪50年代盛行庸俗、机械的艺术反映论时期，陈之佛却表现出罕有的强调尊重花鸟画创作本体规律的勇气。他认为花鸟画在表达时代精

2002 年，王宝明、王明明、宋玉麟、喻继高、杨力舟（从左至右）在全国政协会议厅喻继高作品《春满神州》前留影

神的方式上，不是直接描写的，而是体现在画面的整体意境和情调上。“意境就是画家的思想感情通过对象描写而与对象融合后所表达于画面的情调。花鸟画虽然仅仅描写自然景物中的花和鸟，它作为一种艺术品，就其思想性来看，当然不比直接描写社会生活的人物画或景物画表现得更为明显、强烈，但画家在创作的时候，一定会根据他自己的情趣和愿望来选择他所要表现的东西；同时也必然会如古代画家所谓‘感物而动，情即生焉’，把他的思想情感流露在画面上。这时画家的社会意识是积极的、健康的，他的画上就必然出现积极、健康的情调；画家的社会意识是消极的、病态的情调，则他的画上必然会出现消极的、病态的情调。如果画家在作画的时候，对于描写对象，无动于衷，徒然依样葫芦，没有做到情景融合的境地，这样的作品，实际上也不成其艺术作品了。”（陈之佛《研习花鸟画的一些体会》）。正是在这个基础上，陈之佛得出了“思想观点变了，绘画的意境也必然随之而变”的结论。陈之佛的这段话可以说是他一生艺术创作观念的概括，简言之就是“情景论”。而喻继高一生的创作实践都没有偏离过这一艺术思想。喻继高的艺术历程前后经历了 20 世纪中国美术史上的苏联社会主义和现实主义时期、“文化大革命”伪现实主义时期、乡土写实时期和所谓“观念更新”的新潮美术时期，这些不同的

发展时期，或强调艺术与政治的关系，或片面地强调艺术再现生活，或不加消化地模仿西方现代主义流派，但喻继高的艺术创作始终没有偏离或违背工笔花鸟画创作表达“情境”的这一本体规律，没有离开陈之佛所倡导的“情景论”。正像前文曾谈论他的《荷香鸭肥》和《梨花春雨》，都是在特定的历史条件下创作的，都表达了一种特定的情感，作品背后都潜隐着深刻的历史背景，但这些都是通过画面透露出来的。如果从后往前看，喻继高的这种艺术思想的形成和他对艺术的领悟都源自陈之佛先生。

傅抱石和陈之佛是20世纪具有变革精神的中国画家，他们对喻继高的影响还体现在他在这两位大师身上感悟到的艺术辩证法中一种永恒的生生不息的超越精神。

当陈之佛先生力挽颓风，使沉寂已久的工笔重彩重振艺林时，其艺术成就受到了相当多的历史局限。他的艺术个性尚没有充分展开，艺术语言还有待进一步滤净杂质；而北派于非闇先生也因过于工丽奢华的色彩显得富贵气太重，失去了恬适自然的情韵。显然，“南陈北于”都是20世纪中国工笔花鸟画史上继往开来的旗手，他们之后需要而且已经造就了众多的工笔重彩画的开拓者，他们共同推动了工笔重彩画从古典形态向现代形态的转换。喻继高的艺术创作高峰当在80～90年代之间，这是工笔重彩画现代形态的确立阶段，因此，喻继高的艺术定位应该是光大陈之佛先生开创的工笔花鸟画风，使之更具有现代意义的审美判断和视觉感受。这种具有现代意义的审美判断和视觉感觉主要体现在两个方面。

一是画面的境界感。如果说陈之佛在力挽传统工笔的颓风，试图注入平面构成的某些形式因素，未及对画面境界予以整合而夹杂较浓重的明清文人画境的话，那么，喻继高则真正发展了陈之佛画风中那种潜隐的繁盛充盈、典雅秀润、蕴藉隽逸、精巧谨严的境界；虽然喻继高研习传统工笔花鸟画的过程中远追宋法和近承元意，但只是增加他作品中的文化底蕴，使他的笔法、墨法和色彩的渲染更富有历史的涵养，他的作品不曾沾染宋画雍容富丽的贵族气，也无元明人笔下不知所然而然的寒索寂寥的孤愤气。相较之下，陈之佛得益于文人画、平面构成较多，而喻继高则得益于民间年画和他对现实生活的真切感受。他很少去描绘罕见的奇花异卉，珍禽瑞兽，而着眼于生活中常见的花果虫鸟，给人以一种朴实亲近的乡土情感。他的代表作《荷香鸭肥》和《梨花春燕》所赢得的赞誉与影响，正得益于这种平易朴实的乡土意识。其实，荷花、肥鸭、梨花、春燕，哪一种景物没有被前人表现过？只是画家心态和画面境界不同而已。喻继高笔下的花言鸟语展现的是他对自然蓬勃生机和新时代昂扬诗情的捕捉与颂扬。

二是工笔重彩的语言。喻继高的风格图式十分接近陈之佛的画风，他们都较多地体现出对传统图式的承接，如构图恪守知白守黑的法则，经营无画处的妙境，景物的呈现尽量减弱深度感，折枝处理不作过多的重叠穿插，花果、枝叶、禽鸟各自独立而较少再现一个特定的生态环境。但又不尽然，能够体现喻继高风格并有新意的作品都在某些方面有所突破。如多种变体的《梨花春雨》，是见树而不见枝，构图丰满，颇具张力感，它的传统画法更接近对自然的再现。在传统的双勾画法上，喻继高像他的老师陈之佛一样，追求淡雅透明，而不像北派于非闇勾线粗硬、敷色妍丽的画风，喻继高的线条柔韧细挺，富有弹性，似有若无；设色明快淡雅，清新恬淡，即使像山茶、红木棉那样浓厚的颜色，也绝无板结生硬的火燥气，绿叶往往临风扶疏、稍搀淡黑，色彩的饱和度大多让位于花果、禽鸟。画中枝干一般用积水法处理，鲜用皴擦，绝无勾线，以期与其他双勾重彩部分构成对比；早期积水遍数多，产生丰密的层次，后期则遍数少，随意点画，自然率真。喻继高是承传了乃师的语言风貌，但在谨严精巧、工整秀丽方面实有过之而无不及；他既有对陈式画风的延续，也有他对工笔画现代审美意趣的拓展。

相较于写意水墨，工笔重彩易于为普通百姓所欣赏。但工笔重彩画原本是贵族艺术，就花鸟画而言，常以宫廷御园为描写对象，多写禁中珍禽瑞鸟、奇花怪石，追求贵族阶层享乐主义的好尚和情趣，画面金粉华丽、奢侈富贵。或许正是出于这种原因，当宋代以强调抒情写意、张扬个性的文人水墨写意画崛起之后，工笔重彩画遭到了在野文人长期的冷落和唾弃。工笔重彩画能够在20世纪得到复苏和发展，除了于非闇、陈之佛等巨擘的戮力提倡与身体力行，更重要的还是大众文化形成的整个20世纪的文化特征使然。对于普罗美术的提倡，对于创作为人民群众喜闻乐见艺术形式的提倡，都促成这一具有贵族气息的工笔画走向大众、走进寻常百姓的家庭，因此，也就必然造就像喻继高这样的艺术家。喻继高于1973年创作的《荷香肥鸭》以单幅画出版时，第一版即出版发行48万张，被抢购一空，在当时黯淡的政治环境中，它给人们内心带来的感奋和慰藉是可想而知的。喻继高的工笔画以各种形式走进了千家万户，发行量超过7000万份，这不正是工笔重彩花鸟画下凡的一个典型文化现象吗？从这个角度看，喻继高所取得的艺术成就又是时代之玉成。

虽说工笔重彩更易于为普通百姓所欣赏，但这一绘画种属也存在格调的高下之分、文野之分、雅俗之分。匠气、俗气、野气、小家子气的工笔重彩，除了勾线着色

松鹤长春
2000年　纸本
179cm × 75cm

和平新春
2023 年　纸本
134cm × 67cm

李可染先生参观喻继高画展

与蔡若虹先生亲切交谈

赠星云大师画集

上的死描平涂，可能更缺少画内的境界和画外的涵养；而静气、雅气、大气、书卷气的工笔重彩，就不仅是勾线着色上的笔工意写，不仅仅是画内境界的超迈静穆和散逸出画外的丰厚文化学养，更重要的还在于它能体现出一种文化品格和人格魅力。从这个角度看，喻继高的工笔画重彩属于后者，这是主观的选择。读他的作品，你不能不惊叹其艺术魅力，它是那样的平和、自然、简淡而不乏微妙的变化，正可谓澄怀味象、洗尽铅华，一片“化”境。这种境界不仅需要深厚的功力，纯化艺术语言，而且在于作画时用笔；其实也不是用笔，而是人的淡泊的心境与人格陶染的外化。这种境界不是“五月榴花红似火”，而是“三峡星河影动摇”。

喻继高的工笔重彩花鸟画是静雅的，允满人文的气息，却又非常的大众化、通俗性，为寻常百姓所激赏。可以说，他的作品同时具备了两重性，在艺术的雅俗共赏上，画家找到了自然与人文、主观与客观、有我与无我的熔化点。最高贵的艺术莫过于单纯，最伟大的作品莫过于平易。这是我们在喻继高作品中能读到的一种艺术品质。

（摘自《艺术名流》杂志，本文为《喻继高画集》序文，原文有改动，作者系《美术》月刊执行主编、著名美术评论家）

春色满园　2009 年　纸本　68cm × 136cm

喻继高和时任中国美协主席吴作人（右三）先生、著名画家萧淑芳（右一）女士合影于个展上。左二为夫人屠美如女士，左一为女儿喻慧

喻继高与著名工笔画家田世光（左一）、刘力上（左二）先生合影

喻继高与著名画家宋文治先生、邵华将军合影

喻继高与勒尚谊先生在画展现场互致问候

喻继高拜访蔡若虹先生

喻继高在画展现场与著名画家冯远合影

与蔡若虹、张望先生在画展上合影

与中国人民大学徐悲鸿艺术研究院院长徐庆平合影

参观何家英工笔人物画展时与画家何家英合影

喻继高与傅小石夫妇在画展现场亲切交谈

与传义法师一起合影

在陕北榆林郊外与贺成、毛逸伟合影

秋荷白鹭
2002 年　纸本
90cm × 44cm

熔民间性、宫廷性、文人性为一炉的丹青妙笔

——《喻继高画集》读札

文/丁　帆

在这个物欲横流的世界里，还有谁能用全部的心血去营构自己的艺术殿堂呢？这是一个速成的时代，炒作的时代，艺术不再是靠时间的积累与心血的砥砺，而更多依附于商业化的运作，于是，许多艺术家便耐不住寂寞与清苦，走上了一条不归的艺术之途，功夫在诗外、功夫在画外的大有人在。他们终究要被历史所淘汰，成为昙花一现的匆匆过客。而一批有艺术追求、有人格操守的艺术家们却永远保持着那份“宁静致远、淡泊明志”的心境，他们才是中国艺术得以生生不息、源远流长发展的真正动力。像喻继高常常拒客而潜心作画，可称为当代艺术家的楷模。近读《喻继高画集》，感慨良多。

正式认识喻继高，还是在五六年前的一位文友之子的婚宴上，他那诚笃而执着的性情给我留下了深刻的印象。其实，在许多年前，我这个画坛的门外汉就知道江苏，乃至中国当代画坛有一个大名鼎鼎的工笔花鸟画的中年画家，喻继高的名字可以说是家喻户晓。从1972年创作《荷香鸭肥》印刷发行50万张，到90年代创作的《瑞鹤图》等，喻继高的工笔花鸟画总共印刷发行了7000多万张，这在中国画的出版史上也是一个奇迹。他的工笔画缘何受到如此广泛的青睐？其中之奥秘无非有三：首先是它的“民间性”；其次是它的“宫廷性”；再者是它的“文人性”。

所谓“民间性”，实乃一个艺术家的民间立场。读喻继高的画，尤其是像《莲塘清趣》《莲花颂》《出水芙蓉》《莲塘憩鹤》《荷塘戏鸭》《莲塘佳侣》《荷香鸭肥》《映

日荷花》《睡莲》等作品，首先给你的视觉冲击是野趣横生的鲜活感，使你想起了元代的民间大画家王冕。从小就在中学课本里读到了王冕的勤奋与悟性，想起他在牛背上学艺的故事，想起他融化在大自然与民间乡里的艺术足迹和天然造化，想起他师法杨无咎画墨梅时的那份生趣。当然，这种生趣不但属于文人，更属于民间，从齐白石等大师的笔下，也可以见到一样的民间情怀。喻继高在他那毫发毕现的勾勒丝染中，更多的不是师从古人和前辈，乃至于老师陈之佛、傅抱石，而是像许许多多出身贫寒的艺术家那样，更贴近民间的画境与语境。毫无疑问，有一些画，如《红棉吐艳》（恰好今天的《新华日报》上刊登了“新世纪中国画九人联展”，第一幅就是喻继高的《红棉吐艳》，喻继高之所以选择此画，恐怕是代表了作者恒定的民间价值取向）是较为艳俗的，但其象征和寓意却是民间本位的，它是人们将向往富贵的希望寄托于此的写照，这也是古今以来诸多具有民间立场的画家之画风的蕴藉，从中，我们也可以体味到喻继高作为一个出身贫寒的画家，更贴近民间，更取法于自然的绘画价值观念。

所谓“宫廷性”，无非就是一个艺术家的使命感倾向。这个与民间化相对相成的价值立场，体现在喻继高的绘画作品中是并不奇怪的，中外许许多多著名的大画家都是“宫廷画家”，从西方的“拜占庭艺术”到“哥特式艺术”，几乎都脱离不了宫廷与宗教的巨影笼罩；而中国画中的“院体画”（亦称“院画”）多泛指效法两宋画院风格的宫廷画家，他们多以花鸟、山水或宗教内容为题材，讲求法度，浓艳华丽，因此鲁迅以为“宋的院画，萎靡柔媚之处当舍，周密不苟之处是可取的”（《且介亭杂文集：〈论“旧形式的采用”〉》）。喻继高的作品恰恰就是告别了“萎靡柔媚”，而直取“周密不苟”的“当代院体画”的楷模和集大成者。其实，喻继高师从艺术大师傅抱石、陈之佛以后，便决定了他的后天“营养配方”了，从1958年开始为北京钓鱼台国宾馆绘制《牡丹群鸽图》之后，1959年在北京人民大会堂落成典礼的欢庆声中，喻继高又协助导师陈之佛为大会堂绘制了巨幅《松龄鹤寿图》，并与杨建侯绘制了《孔雀图》，这些青年时期的作品对他以后的艺术风格形成起着至关重要的作用。由于20世纪中国历史的那段特殊年代的困扰，中国的艺术几乎处于停滞状态，但是，正是在这个艺术的沉闷期里，喻继高在寂寞的长夜里无声地为自己的工笔画艺术铺路。一直到1986年的“喻继高工笔花鸟画展”在北京美术馆开幕。1988年《松鹤长春》被毛主席纪念堂收藏；1989年为广州东方宾馆绘制了当时中国最大的工笔花鸟画，同时为北京天安门城楼绘制巨幅工笔画；1993年为国务院紫光阁西

和平之春 1999年 纸本 97cm×45cm

梅鹤迎春 2000 年 纸本 80cm × 220cm

华厅绘制巨幅《莲花颂》，为钓鱼台国宾馆创作巨幅工笔《梅鹤迎春》，直到近期为中南海接待厅绘制的巨幅《瑞鹤图》，可以说喻继高在工笔画领域里所取得的成就，是同代艺术家们望尘莫及的。

在这些画中，可以明显地看出喻继高对传统宫廷画风格的发扬与继承，且不说他在工笔画的技法上执着追求细腻而逼真的艺术效果，更重要的是他在绘画观念上，更趋向于在民间的本位上舍弃乡俗的一面，提升高雅的一面，表现出一种大气磅礴的雍容华丽的贵族之质、泱泱浩瀚的大国之风。一幅《瑞鹤图》，写尽了皆大欢喜

的吉庆欢颜，寓意共和国的江山社稷永固，巨幅画面足以体现出共和国浩气长存的大国风范。由此，我以为在喻继高的许多为宾馆而作的巨幅作品中，很多都凝聚着作者对祖国大好河山，乃至一草一木的一片丹心，以及放歌江山社稷的豪迈气度，一如启功先生在题《瑞鹤图》诗中所云："溪山夜气九霄清，仙鹤群来啸月明。为助崇岗松柏寿，彩毫添得画中情。"

所谓"文人性"，是特指喻继高在工笔花鸟画中所蕴藉的那种独到的文人情趣。与中国绘画史上的"文人画"（亦为"士夫画"）相比较，喻继高工笔画当中的这

寒玉春晖 1994年 纸本 直径63cm

种成分是呈隐性状态的，也就是说，以唐代王维为首创的“文人画”如果是以花鸟、山水来间接地抒发个人的“性灵”和郁愤，而标举“士气”“逸品”，讲求笔墨情趣，脱略形似，强调神韵的话，那么，喻继高的作品却不是那种写意技法的路数，他是以“周密不苟”、毫发毕现的严谨技法著称和见长的。而我所说的“文人性”却是指他作品中流动着的那股“士气”。

虽然是工笔的写实，喻继高却也能将文人的气质寄植于方寸的天地之中。而在

和平新春 1994 年 纸本 直径 46cm

其内容上，他的所谓“文人性”的寄寓却是与中国的“文人画”所寄寓的内容是截然相反的，喻继高的作品表现的是积极昂扬的真善美写实风格；而“文人画则多是表现消极颓废的浪漫写意风格”，即便是充满着宫廷贵族气的著名巨幅工笔《瑞鹤图》，作者也能在宁静致远、澹泊明志的寓意之中透露出那种桀骜不驯、鹤立昂首的文人风骨：《莲塘清趣》，只一“清”，那文人孤芳自赏的气质与神韵便一览无余了；《梨花春雨》则呈现出文人清高自洁的品行与操守；《莲花颂》更是将出淤泥而不染的

花中闲趣
1982 年　纸本
138cm × 83cm

菡萏之高洁和盘托出，直送云霄，亦如作者题郭沫若诗曰："亭亭玉立晓风前，一片清香透碧天。尽是污泥不能染，昂首浑欲学飞仙。"像《莲塘憩鹤》《莲塘清夏》《映日荷花》《梨花春燕》《梨花绽春》等作品，都充分表现了作者将文人风骨的品格与内涵熔铸于咫尺之间的苦心孤诣。所有这些，也正是喻继高在自己的工笔花鸟画中保持那一份自尊和自爱品行的再现。当然，这种"文人性"里的脱俗与其"宫廷性"里的高贵又是很难分开的。

诚然，我说喻继高的工笔画是熔"民间性""宫廷性"和"文人性"为一炉，也并非说他的每一件作品都是如此炉火纯青地熔化在一起了，像《葫芦花》《蟹菊图》的民间性有余而宫廷性和文人性不足；而像《松鹤长春》《孔雀悦春》《牡丹蛱蝶》《红棉花》等这样的工笔，却显得民间性和宫廷性有余而文人性明显缺失了。从这个意义上来说，融三性为一体的作品是很难得的，也是不够现实的艺术要求。就我个人的美学喜好来说，可能更青睐那种文人性与民间性结合得比较好的作品，像《莲花颂》这样的作品绝对是千古流芳的绝世精品，无论在立意、构图，还是色彩上来说，都堪称一流，那种清高邈远与野趣盎然的浑成天然，足以使你陶醉于大师高妙的意蕴流动之中而不能自已，这就是其艺术魅力所在。

我是绘画艺术的门外汉，虽然读过一点画论，但在此班门弄斧，肯定是贻笑大方了。好在自古以来诗书画是相通的，对喻继高工笔画的一点"误读"，也可能会触发画家以及阅读者们的另一种灵性的勃起，如是这样，也就是我的莫大荣幸了。

听友人说，喻继高先生作画是耐得住十二分寂寞的，平时连电话都不接。我想也是，一个画工笔画的画家，如果耐不住寂寞，他也成不了大气候，这就是工笔画在这个物欲时代不断淘汰大批这类画家的逻辑所在。那么，凭喻继高先生半个世纪的绘画定力，还愁不能超然世外吗？

在画坛，60 多岁正值壮年，我以为喻继高先生来日方长，他的艺术青春期才刚刚开始。

（摘自《中华儿女》杂志，作者系南京大学中文系教授、博导，著名文学评论家）

春色永驻 光耀中华

——《春满神州——中国历代工笔花鸟画精品》出版序言

文／贾德江

这是一部闪烁着中华民族文化艺术光辉的精美画集，也是一部前所未有的特殊的中国画精品荟萃的珍贵图册。说它特殊，因为它不是普通的绘画作品合集，也不是常见的各类美展作品的汇编，它是一部超乎寻常、独具特色、颇有创见的经典图书——是编著者匠心独运、精心构思、统筹谋划的成果。它的独造之处，在于它不是在中国画“面”上做文章，而是在“点”上下功夫。它的专注点只聚焦于中国工笔花鸟一脉的“穷天人之际，通古今之变”（汉司马迁语），单一而纯粹；它的编著者只用心于在工笔花鸟的历史长河中聚珍搜宝，光前裕后地将古代的、近代的、现代的工笔花鸟领域的时代佳构，融于一体，集于一书，铺展成一道可供经常回顾和浏览的艺术长廊。这是花鸟世界的美的发现、美的解析、美的颂扬，若沉醉其中，忘情啜饮，可以领略工笔花鸟这一民族之花的渊源流变、博大精深；若穷源博取，探赜索隐，一面清醒比较，一面理性分析，可以体悟这一中华民族独有的奇葩从传统走向现代的奥妙与玄机。

可以肯定地说，在此书出版之前还没有人能像该书编著者那样，以如此新颖独到的思路，对中国历代推动工笔花鸟画发展的艺术家及其代表作品作出超越时代的审断，并对这些彪炳史册的精品力作加以判别而予以系统编列。其意图在于重温经典，向世人展示中国工笔花鸟艺术的历史悠久、成就辉煌、自成体系、绵延不断、光耀中华。既有助于致力工笔花鸟学习、研究的国人对这一民族传统文化有更深层次的

1997年喻继高在美国旧金山与外国友人畅叙

非洲外宾观赏喻继高作品《樱花山雀图》

喻继高为热情的观众签名留念

理解，以提高自身的艺术素养和鉴赏能力，也有助于他们在修身养性的陶冶中改变个人的气质性情，以至他们的生存目标和理想，更有助于工笔花鸟这一中国文化的重要组成部分走出国门，步入世界，进行国与国之间的文化交流，以助推中国工笔花鸟画走向现代化、国际化。其艺术价值之大、意义之深刻，当是本书弥足珍贵之所在。

本书更为特殊之处，还在于它的编著者不是资深的美术编辑，也不是专事美术史论的专家学者，而是年已90高龄的当代工笔花鸟画坛的领军人物，现代中国花鸟画史上承前启后、推陈出新的一代宗师喻继高先生。由此，这本画册蕴含着一个老艺术家特别的情思和深意。

鲁迅先生曾指出："我们所要求的美术品，是表记中华民族智能的最高点的标本，不是水平线以下的思想的平均分数。"喻继高编著的《春满神州——中国历代工笔花鸟画精品》一书遵循的就是这一取精用宏的原则。他以艺术家特有的敏感和造诣，希冀在工笔花鸟的万花丛中采撷最美丽、最芳香、最耀眼的花朵，奉献给祖国奉献给人民奉献给时代。编著这样一本代表中国工笔花鸟有史以来最高水平的画册，是喻老心仪已久的夙愿。

时光荏苒，直至近年，喻老才下定决心，推去一切绘事，沉浸于这本书稿的筹划、组稿、撰文、编辑的事务中。为了编好这本书，他不顾年事已高，不辞辛苦地反复

喻继高与画家林凡、王影夫妇在巨幅作品《苍松瑞鹤沐朝晖》前留影

喻继高在中国美术馆举办的“春满神州——喻继高绘画展”上与外国嘉宾交谈

斟酌、调整、修改，前后花了整整两年的时间，终于完成了这本书的编撰事宜而付梓出版。

翻开这本画册，一部中国工笔花鸟的发展史便呈现在眼前。历代著名的工笔花鸟画家不胜枚举，留下的工笔花鸟画珍品也难以计数，从中审定时代的精品佳构并非易事，是需要慧眼识珠的渊博学识和深厚的知识储备。仔细阅读可见，喻老是精心、慎重、挑剔地遴选入编的精品，上至唐人韩滉（723—787），下至现代苏君，上下纵跨一千二三百年。在饱览、精研的基础上，喻老将本书所收精品大体分为两大部分：一是古代部分，包括唐宋元明清历代工笔花鸟的丰实成果，喻老从中入选了 38 人的 54 幅作品。二是近现代部分，面对的是整个 20 世纪 100 年间工笔花鸟的闪光成就，喻老从中入选了 20 人的 57 幅作品。全书总计收录 58 位名家共 120 幅精品，可谓蔚为大观。

喻老的主编思想，是以历史为线，以画家为点，以作品为鉴，入选作品不必受一人一画之阈限，有的可以入编两件或两件以上的代表作，以突出杰出画家的成就与贡献。如古代部分的宋徽宗赵佶就编入了《瑞鹤图》《芙蓉锦鸡图》等 5 件作品；宋崔白《双喜图》等 2 件作品、李迪《雪树寒禽图》等 2 件作品都在收录之列；明吕纪入编了《桂菊山禽图》《杏花孔雀牡丹图》等 6 件作品；明边景昭《竹鹤图》等 4 幅作品、陈洪绶《荷花鸳鸯图》等 2 件作品、周之冕《杏花锦鸡图》等 2 件作品以及清沈铨《松梅双鹤图》等 2 件作品都被喻老所收录。其中也不乏“黄家富贵，徐家野逸”以及陈居中、任仁发、王渊、夏叔文、张舜咨、赵孟頫、陈遵、张路、殷宏、冷枚、恽寿平、郎世宁、张兆祥等历代画坛精英的传世名作。

值得一提的是，喻老还入编一批无名氏的作品，如《瓦雀登枝图》《子母鸡图》《枯树鸜鹆图》《榴枝黄雀图》《鹰攫雁图》《出水芙蓉图》《白头丛竹图》《枇杷绣羽图》《锦雉图》等，都是难得一见的稀世之珍，显见编著者以作品为上不论贵贱的亲民思想的可贵。

近现代工笔花鸟精品的择优，是喻老驾轻就熟的部分。因为这里面有他敬重的前辈、恩师以及他的同道和学生。当中国进入 20 世纪，宣布了封建社会的终结，整个社会经历了一次次重大的变革。革新中国画成了历史的潮流，引进西方写实主义并取法宋人“专精体物”的传统成为工笔花鸟的大势所趋，开始出现几位振兴起衰的工笔花鸟大家。如天津刘奎龄上承郎世宁，借鉴西法塑鸟兽之形，形真、意阔、境新，远较郎氏鲜活；北京于非闇崇尚赵佶，以“双勾着色”重形神、坚骨法、浓色泽，形成了浓丽近雅的画风；江南陈之佛为喻老之师，受日本画影响兼得宋骨元韵，不求力强色浓，创造了宁静淡雅之风。喻老在书中收录了他们的多幅旷世之作，展现了他们超越前人的风采以及为工笔花鸟的复兴所起到的基石作用。新中国成立后的老一辈艺术家，如徐悲鸿、杨建侯、陈旧村、张大千、谢稚柳、郑乃珖等人工笔花鸟精品在书中也放射出夺目的光彩。

新时期以来，工笔花鸟画获得了空前的发展，一批引人瞩目的中年画家崛起于画坛。他们大多在青年时期分别从学于上述师辈诸家，并且在美术院校接受了系统严格的现实主义训练。经过了十年风雨，他们步入中年，由于视野的开阔、思想的解放、探索的精诚和实践的苦功，渐渐在工笔花鸟画领域拓展了新境，刷新了画风，以多姿多彩各擅胜场又不同于师辈的风貌，掀开了近现代工笔花鸟的新篇章。如北京的龚文帧，南京的喻继高，岭南的方楚雄、周彦生，东北的冯大中等都是其中的佼佼者。他们或重于光色的整体效果，或赋予动物以人性的表现，或再造宋画的古穆神韵，或融会中西创立新格，共同推动了工笔花鸟语言在古近代传统基础上的划时代变化。喻老在书中不惜大量的篇幅推介他们书写时代华章的精品力作，呈现他们勇于探索、锐意开拓的新态势，高扬他们的创造意识以及为发展现代工笔花鸟所作的努力。年轻一些的后起之秀，如喻慧、李大成、苏君等的代表作品在书中也有出色的展现。有轻有重、有起有伏、有“高原”与“高峰”之别，构成了这部有史学意义画册的显著特色。

全书以图为主，以文为辅，设计大方，装帧考究，图版清晰精微、色彩还原逼真，文字简洁洗练、言之凿凿。这是一部高品位、高质量、高屋建瓴的优异出版物。它的问世，穿起了工笔花鸟的过去与现在，再现的是历代工笔花鸟精品珠玉般的晶莹与宝贵；它的出版，凝聚着一个有家国情怀和使命担当的耄耋艺术家的心血、智慧和厚望。我不敢说，这是一部令人振聋发聩的鸿篇巨制，但我敢断言，它是一本讲述中国故事的最美图书。它的权威性、史识性、经典性一定会给读它的中国人乃至国际友人一种“春色满园关不住，一枝红杏出墙来”（宋叶绍翁诗句）的感怀，耐读、耐品、耐人寻味，久久散发出芬芳。

2022年12月30日于北京王府花园

（作者系著名出版人、美术评论家、画家）

2017 年 9 月，英国维多利亚与艾伯特博物馆
亚洲部主任为喻继高先生颁发收藏证书

江苏画家在“迎接新世纪·中国画九人展”上合影。左起赵文元、盖茂森、叶维、喻继高、范保文、卢星堂、华拓、朱葵、贺成

南京大学
素质教育基地

喻继高在陕北采风，与著名画家刘文西、陈光健、赵华胜在一起

喻继高在专题邮折首发式现场为读者签名

喻继高在第二届中国当代画派联谊会研讨会主席台上

中国当代杰出工笔花鸟画家喻继高作品专题邮折首发式

大气　正气　喜气

——我看喻继高先生工笔花鸟画

文／刘洪一

喻继高——当代中国工笔花鸟画大师，道传中华一脉，艺承傅抱石、陈之佛两大家，融通古今、博采众长，集大成而出神入化，始铸中国工笔花鸟画史上一座丰碑。

我观喻先生工笔花鸟画，最直接感受是：大气、正气、喜气。

大气者，乃画之格局。喻先生画花鸟，完全没有雕虫琢花之感，无论仙鸟佳卉、一泓清水，还是祥云旭日、拳石朗月，外合春秋时序，内发丹青义气，不局不促、不拘不束，浓淡相宜，雍容弥清，风雅极意，融天地会乾坤。

正气者，乃画之魂魄。喻先生之花鸟画，物像精细，形神兼备，不奇不怪，不庸不俗，繁花明丽，禽鸟生机，韵味神采，澄明心怀，尽显堂正之魂魄、昂扬之精神，浩然正气，天地一统，至大至刚。

喜气者，乃画之形意。喻先生深谙和合之道，擅以瑞禽佳卉入画呈祥，莲塘佳偶，双鹤凌波，梨花春雨，白玉枝头，梅菊双绶，孔雀阅春，寒玉春晖，玉兰太平，白羽醉风，琼花聚仙，瑞鹤迎春，高瞻远瞩，不嗔不恚，不颓不戚，画里画外，形吉意祥。

格局、魂魄、形意，画之大要也。三者兼备，非大家而不能，喻先生之画，可谓格局大气，魂魄正气，形意喜气。孟子曰："气，体之充也。"大气、正气、喜气，三气归一，始成大家大作。

唐代张彦远言："夫画者，成教化，助人伦，穷神变，测幽微，与六籍同功，四时并运。发于天然，非由述作。"中国工笔画源远流长，乃中华文化之瑰宝，内

2019 年 9 月 20 日，“深圳大学喻继高中国工笔画研究院”在深圳大学美术馆揭牌成立

“深圳大学喻继高中国工笔画研究院”首次学术研讨会集体合影

涵儒释道之精髓，浸蕴华夏人民之向往，积淀延年，独树一帜于世界画坛，值得深入发掘，永续传承。

深圳大学建于1983年，与特区共成长，享誉全球，是全球进步最快的大学之一。秉承特区大学、窗口大学、实验大学之特色，肩负文化引领、文化传承、文化创新与文化走出去之使命。创立深圳大学喻继高中国工笔画研究院，旨在发掘中国工笔画之审美思想、艺术哲学、文化精神，系统整理喻继高等中国工笔画艺术创作经验，培养相关研究创作人才，把喻继高中国工笔画研究院打造为中国工笔画传承、创新、走向世界之高地。近有佳讯传来，国家决定支持深圳建设中国特色社会主义先行示范区，是为深圳大学发展之重大利好，愿喻继高中国工笔画研究院借此东风，起航远行！

（该文为《中国著名画家——喻继高》序，天津杨柳青画社，2019年。作者系深圳大学党委书记、饶宗颐文化研究院院长、人文社会科学资深教授）

创作《春满神州》时留影

2007 年 7 月 28 日，《喻继高画集》首发式暨学术研讨会在人民大会堂举行

《喻继高画集》首发式暨学术研讨会在人民大会堂举行，喻继高与到会著名理论家合影

喻继高印象

文／曹　鹏

喻继高先生虽然身居秦淮河畔半世纪，但是并没有沾染金陵大都市难免的浮华与油滑之气，言谈举止都透着一股来自乡野的质朴与率真，同时，更充满智慧与主见。可以推断，如果当年没有出去上大学而是留在农村种地，他也一定是个非常出色的农民，会把自己的土地经营得有声有色、富富裕裕、红红火火，因为他继承了中国农业文明中非常健康而优秀的传统精神。

有人开玩笑说，喻先生在公开场合，总是有外人误以为他是领导或者将军，因为形象与气质上比较接近，也就是，生就的一副北方汉子的堂堂仪表，庄重、敦厚而有气魄。不过，只要一打交道，就不难发现，这位老先生没有架子，胸无城府，说话办事都本着传统的规则，非常本色，不会花哨，不会作秀。

看多了古代绘画，我总是觉得工笔画是带有一定的贵族气、富贵气与脂粉气的画种，但是，了解了喻继高之后，我对工笔画有了新的认识与理解。美艳工细的花鸟画，在现实社会生活中，是最为普通百姓所喜闻乐见的，工笔画真正能够兼顾雅俗共赏。喻继高倡导绘画为大众服务，他也以自己的作品能得到广大群众的喜爱为荣，一点也不摆出高高在上的架势。

与时下不少书画家自得其乐、自我欣赏、自我陶醉、自我崇拜迥然不同，喻继高的自信来自大众、来自市场。我一向认为，作为艺术家，只有两种类型：一种是为自己而艺术，也就是一意孤行，走自己的路，根本不在意别人的看法与好恶；另

喻继高与智利画家赊琴柯（左二）相会于中山陵

在日本名古屋画展上与日本友人交谈

日本著名画家平山郁夫和夫人观赏喻继高作品《樱花山雀》

一种是为欣赏者而艺术，也就是自己的艺术拥有一批或多或少的喜爱者与知音，创作的目的是为满足理解与欣赏自己的人。

现在艺术界的某些人，心里想的是迎合市场媚俗“以销定产”，说穿了就是把艺术当成商品来卖，但是却要装作为艺术而艺术，说起话来总是玄而又玄，生拉硬扯一些所谓新理论，玩弄一些时髦的辞藻，其实并没什么资本与实力，更没有定力。明眼人看穿了这种所谓艺术家之后，只会感到虚伪与做作，而且很无聊。

作为画家的喻继高，与上述的新派时尚迥然不同，他非常实在，非常低调，他创作就是为了为大众服务，他知道哪些人喜欢自己的作品，而且这种喜欢是踏踏实实的、靠得住的，不是随风倒的、一阵风的。

南京是近年来画界最为活跃的城市之一，但是喻继高在这座城市的艺术圈里似乎有些不太合时宜。在画家聚会时，声音最高、话语最多的不是喻继高。不过，归根结底，在艺术领域，会说并不重要，会作才是最紧要的。如今艺术界的时弊是说得太多，作得太少；或者说，说得太好而作得太差。最极端的甚至是只会说，不会作，或者以说代作，居然也能大行其市，名利双收。对于新潮与前卫、实验艺术来说，喻继高虽然不太合时宜，但是他却不孤独，因为他拥有数量颇多的欣赏者。

（摘自《中国书画》杂志，本文为《大师访谈——喻继高》采访侧记，作者系美术学博士、《中国书画》杂志主编）

“当代江苏画派名家九人作品展览”在南京博物院隆重开幕，图为开幕式的盛况

“当代江苏画派名家九人作品展览”开幕式上与会观众的热烈场面

回到喻庄老家与乡亲同乐场景

寻找六十年前住的老屋

新春雅韵 2011 年 纸本 68cm×136cm

二十年后我读懂了父亲

文／喻　慧

父亲对于我来说始终具有两重身份，既是父亲，又是老师和同事。

在我眼里的父亲，是一位勤奋执着兢兢业业的人，天明即起，等我们起床，他已经伏案一两个钟头了。此时他才刷牙洗脸吃早饭，假如没有必须要处理的事务工作，他依旧回到画桌前画他的画。可以说他的工作和业余爱好都是画画，用笔耕不辍来形容他是再确切不过的，几十年如此，也不知坐坏了几把椅子。

他还是位脾气急躁、肝火旺盛的父亲。我小时候对他又恨又怕，我不明白依他的性格怎么会选择以工笔画这样精微细致的形式来抒发寄托自己的理想。现在我逐渐理解了，他对美好事物的敏感来自他善良的本性。

前几年我去了一趟父亲的老家徐州铜山喻庄。在许多新盖的小二楼中间一块狭小的空地上，有一圈石砌的老屋基，夯土墙已基本坍塌，仅存一个残破的门框。这是我爷爷当初分家时留给父亲的房子，看起来很小。父亲始终没有忘记自己是从这里走出来的，怀着对美的向往考上南师，幸运地遇见了恩师陈之佛先生，被他笔下展现的鸟语花香深深吸引。工笔画的精耕细作是对父亲个性的一种制约和互补。如今我也画了二十多年的工笔画，我承袭了他的画种，也承袭了他的血脉。每当我心浮气躁的时候，坐在桌前一笔一笔不吝体力地画着，心境便会渐渐地平实和开阔起来。绘画于父亲是生活和精神世界不可分割的一部分。五十五年每天作画，已变成

喻继高一家在喻继高从艺五十五周年艺术研讨会上合影

一种修行，寄托着他对美的追求和人生的豁达。虽然他现在有时还会着急发火，但他心底深处是对家人深切的关爱。

苦水里泡大的父亲对别人的困难总是尽力地去帮。很久以前的一趟火车上，一位带着孩子的农村妇女哭诉自己的不幸，父亲毫不犹豫把身上仅有的两千元钱全部给了她，还把一件线衣也塞给了那对母子。那时我们家里几乎没有存款，父亲下了火车是步行回的家。在他一笔一笔的耕耘中，头发白了，眼睛花了，脖子也僵硬了，心脏在超负荷地工作着，家里的生活逐渐改善，他还是不忘自己是那间土屋里走出来的人，为家乡小学捐赠，为社会困难的人捐赠，这份真心诚意源自他对党对社会的那份感恩之心。从那个年代走过来的人，有对艰辛生活的记忆和对比，父亲的慈爱真正是想能大庇天下寒士俱欢颜的。

作为艺术家的父亲，除了勤奋，还有对审美感知的天赋。他对自己的恩师陈之佛、傅抱石等先生感恩不已。工笔画自唐宋达到高峰以后被水墨文人画取代逐渐式微。因其程式化、世俗化渐渐成为实用器物的装饰，与工艺美术贴近，一度为文人雅士所不屑。陈之佛先生以他的学养和对自然界的理解，以富有情感的画笔，赋予了工笔花鸟画全新的形态，也使工笔花鸟画这个画种重新焕发了艺术的光彩，注入了鲜活的生命力，使其画重新成为独立的艺术品种。我们知道，在中国画里，荒寒寂寥的风格较易受到称道，而富丽喜庆的一路较易流俗。而父亲从陈先生那里继承了欢快明丽的一路，以其朴素的情感和一颗平凡之心，亲近着大自然的花草。为人民服务不是他的口号，而是他的宗旨和信仰。因着他的性格，因着他的气质，因着他北方的血性，他不满足于在尺幅中游戏小情调、小趣味。他对大自然的满腔热爱，对生命的赞颂，对生活的感激，要在广大之中得以抒发。他把工笔花鸟画画成巨幅，丈二，丈六，丈八，三米，五米，十米，在这些大作里，他的激情和才能得以充分地发挥张扬。

我知道对于画工笔画的人来说，一张大画不是由一张小画放大而来，每增加一

喻继高、屠美如夫妇在女儿喻慧作品前留影

尺，付出的精神和体力是几何倍数的增加。在历史上，像父亲这样创作鸿篇巨制的工笔画是前无先例的。

一次，我随父亲去南京人民大会堂拍一幅他为会议室画的大画《孔雀牡丹图》。远远看去画面典雅宁静，绚丽却又十分祥和，丰富又很稳健，一派正气，令我肃然起敬。这种出乎我意料的审美感受，促使我瞬间生发出对父亲的一种敬佩，一种感动。那天，我突然明白，因为靠得太近，我忽视了父亲的光环。我们各自画自己的画，常常相互不以为然，但我从这张画里，看到了他所赋予的那种独特气质，那种超然的、充沛的神貌，那种正大光明的精神世界。从改革开放至今，他创作大画的激情一直持续着，无论什么时候，无论有无报酬，无论家里有没有事，只要国家需要画画，政府需要画画，他打起背包就出发。一去几个月，不计得失，还生怕给别人添麻烦。起初我以为他只是想有个地方能画大画过瘾，而现在自己的画室也足以构画大作品，更何况年事已高，不胜劳累，何必依然如此？现在我明白，他是愿意为国家、为社会、为人民奉献他那颗感恩的拳拳之心。他常对我们说，我一个从徐州农村来的乡下人，

喻继高、屠美如夫妇与女儿喻慧在喻继高艺术馆前留影

没什么别的本事，就会画几笔画，国家给了我那么高的荣誉，我只有尽我所能才对得起国家。父亲从不认为自己是什么了不起的艺术家，他就是不倦地画画，画了那么多了不起的大画。他继承并发扬光大了陈之佛先生的艺术特质，从他这一代开始，工笔花鸟画重新繁荣起来，如同打开了一扇天窗，让世界都看到了中国工笔花鸟画的精彩。

父亲还在计划着他的创作，他想用自己几十年的经验积累，再画十来张丈六的大画。我已经看到了一片荷塘，看到了几树梨花，看到了一群孔雀……父亲心中更极致的美好世界正在渐渐地显现。

我衷心祝愿父亲保重身体，健康愉快！

（此文为喻继高从艺五十五周年艺术研讨会发言稿，略有删节。作者系江苏省国画院花鸟画研究所所长）

喻继高童心未泯，十分关爱祖国的花朵

云间有数鹤
声闻林外天
晓日东田去
不使尘中寻

白羽醉风 2005年 纸本 164cm × 346cm

阳光明媚
1982年　纸本
78cm×41cm

任逍遥

喻继高

人生自古悲寂寥，
如今处处胜前朝。
春风杨柳花开日，
青山绿水任逍遥。

祈盼

喻继高

地球日夜不停转，
转眼又到秋风寒。
事业未竟人已老，
祈盼苍天赐千年。

荷塘戏鸭
1981 年　纸本
130cm × 60cm

2023年5月18日，“盛世繁花——喻继高绘画艺术作品展”在南京大学美术馆开幕

人 民 美 术 家 · 喻 继 高 卷

艺术之路 »

大家风骨　时代春光

——当代工笔花鸟大家喻继高的丹青人生

文／贾德江

引　言

源远流长的中国画艺术，经历了风云激荡的20世纪，迎来了“东方既白”的新世纪，并走过了十二个春秋。

回顾百年历程，思索世纪美术，可以看到，自20世纪以来，古老的中国在内因外力的作用下，开始在救亡和图强中走向工业文明，绘画亦与时俱进，或借洋兴中，融合中西，或吸收新机，借古开今。一方面是人物画顺应社会变革，引进西方观念，融汇传统，获得了史无前例的发展，出现了徐悲鸿、蒋兆和、黄胄一代人物画大家，引领着中国人物画迈开了跨入现代的步伐。另一方面是花鸟、山水画，始终在“融合论”和“距离论”两种理念的并存中发展前行。“融合论”主张中西文化美术的融合之间，西化与化西变为一体；“距离论”主张中西艺术可以互相沟通却不必彼此取代，而有必要拉开距离。前者的所谓融合派大家有林风眠、李可染、刘海粟为翘楚，后者的传统派大家以黄宾虹、齐白石、潘天寿、傅抱石为领袖。

上述十大家的成就表明，中国画之走向现代，无论是在融合中西中开拓，还是在传统源流上创新，都仍具潜力，都不乏成功的经验。但是不无遗憾的事实是，在世俗公认的上述十大家中，都是以写意画著称于世，却无一位是工笔成就的大家。是历史的偏见，还是写意的遮蔽，让理论家们冷落了现代工笔画领域的辉煌，对那些在工笔画领域卓有成就的艺术大家熟视无睹。

20 世纪 80 年代，喻继高在家中留影

在这样的历史背景下，我们来研究当代工笔花鸟画大家喻继高的丹青人生、艺术成就及其当代意义，无论对于创作者还是欣赏者，尤其对于理论的研究者，都具有非同寻常的启示性。我以为更为重要的意义在于，根据喻继高在工笔花鸟画领域的实绩和影响，指出他在整个历史长河中的地位，是很有价值的事。作为当代工笔花鸟的领军人物，作为当之无愧的时代先锋，喻继高的艺术代表着当代中国工笔花鸟画的最高成就，他作品中所形成的正大气象代表着中国工笔画承前启后的希望和光明，必须再予强调。其中包括两层含义：一是在现代绘画史上的写意大家作为丰碑被承认，这已是无法否认的事实。但是，对工笔大家喻继高及其艺术的研究，关乎全面研究 20 世纪中国美术的至要，不可不予以重视。二是中国现代绘画史是“工

笔”与“写意”并行不悖的历史，不应该留下重“写”轻“工”的缺憾，更何况当代工笔画已成蓬勃发展的燎原之势。

喻继高的艺术人生，正如潘絜兹这位对中国工笔画有卓越贡献的泰斗所说，是“给花鸟以生命的人”。他的艺术成就，正如陈传席这位在评论界享有盛名的史论家所言，“在他们那一代人中，还没有人能超过他”。他的当代意义，正如美术界的权威杂志《美术》的主编尚辉所论：“不仅仅是画内境界的超迈静穆和散逸出的画外丰厚的文化学养，更重要的还在于它所体现出一种时代品格和人格魅力。”

就时代品格而言，即使在当代中国花鸟画的前期，出现了吴昌硕、齐白石、潘天寿等花鸟大家，把传统花鸟画推向一个新的境界，构筑起一座座难以逾越的高峰，但是，他们只能是当代中国花鸟画开创初期的杰出人物，还远远不能作为当代中国

春和清明 2018 年 纸本 145cm × 346cm

花鸟画时代品格的代表。因为，艺术的时代品格是建立在艺术对当代社会、特定人们的情感特质的完美表现上。仅凭锤炼笔墨功夫在前辈人的道路上安步当车，难以达到；一味地强调写生再现大自然的表面性格和特点，也不能解决；而那种以西法代替传统在形式上追新逐异者，更不会获得。它只能是胸怀全局站在一个时代思想文化发展的高度，认识到时代赋予艺术家的历史使命，并在由此高度所产生的要求上去认识由绘画艺术的各种因素所构成的机杼，把握艺术、分析研究艺术，开时代风气之先，完美地呈现当今这个时代的精神风尚，并以实践向时代证明，在世界艺坛上独树一帜的中国画表现天地的广阔和内涵的丰厚。

我以为，当人类定义造型艺术为美术，它就毫无疑义地具有真、善、美的精神指向。当中国进入了新时期，当中国人民期望已久的理想就在眼前的时候，人们渴

望于美术的境界赋予新的内涵的真、善、美。作为中国画的笔墨纸色过去与今天并没有太多变化，作为花鸟画所描绘的审美对象也并无二致。很难证明，唐人杜甫所见的“两个黄鹂鸣翠柳”，与我们现在所见的黄鹂鸟有何不同，宋人画过的芙蓉、月季、红蓼与我们今日所见有何两样。但是，如果我们重复宋人所画的《出水芙蓉》《红蓼八哥》那种画法，时代品格从何读起？同理，如果在当今时代仍然去重复徐渭、八大、吴昌硕、齐白石、潘天寿的语言，必然窒息了一个画家表现花鸟时独具的审美情感和艺术个性，时代品格也会顿然丧失。

我以为喻继高的创造性就在于内容和形式上的突破和创新，就在于时代品格的追求和情感的充盈。他在中国绘画的传统中去开拓，他在中国画内在的艺术规律中去探寻，他在师辈画家的经验中去总结，他在西方现代绘画的观念中去汲取，更在生机盎然的大自然中另铸新意，创造了一个前所未有的“大好春光”，去表现时代，歌颂生命，关爱自然，呼唤和平，并在提高民族文化素养方面，在反映和表现时代精神方面，显示出它特有的作用和生命力。他的画风高雅、清新、华贵、超逸、精谨，生机勃勃，趣尽天然，明丽中见深秀，冶艳中见儒雅，温馨璀璨而风规自远，锋芒内敛而光彩照人，透出的是一种至真至美至善的人格志趣，画出的是新时代的繁荣和整个民族的灿烂。在他的花鸟画里，我们经常可以读到《樱花鸳鸯》的相敬如宾，《梨花春燕》的比翼双飞，《秋荷白鹭》的情深意笃，《孔雀闹春》的欣欣向荣，《春满神州》的莺歌燕舞，《总领群芳》的万紫千红，《和平新春》的美好祝福。他把花鸟世界当做人生的大典来诵读，寄情于花，寄意于鸟，与花对语，与鸟共鸣。他以独到的美的发现、美的解析、美的理念，遵循花开花落、潮涨潮落、月圆月缺的自然法则，在营造一幅幅讴歌自然生命境界的背后，发出一声声对人生、人性、人情的赞叹，对祖国、对人民、对生活的衷心祝愿。这感喟是他发自肺腑的心声，已不是徐渭、八大的愤懑和孤寂，也不是吴昌硕的顾影自怜的隐喻，既不似齐白石那样“青藤雪个远凡胎，老缶衰年别有才；我愿九泉为走狗，三家门下转着来”，也不像潘天寿那样如钢如铁，如石如木，咄咄逼人，一味霸悍，求其雄强。他是怀着对新生活热爱的感恩之心，出自开创“南派”工笔花鸟画的陈之佛之门，由此溯源而上，走进工笔花鸟画的源头，又在“变古为今”的潜能上用心，以复兴工笔花鸟画的辉煌为已任，拥抱自然，拥抱时代，拥抱祖国和人民，终于走出了属于自己的面貌和创造。

今之南京，古称金陵，不仅为中国著名的历史文化古都，且历朝历代都曾出

春和景明 2005年 纸本 97cm×179cm

现过一批纵横文坛、影响古今的诗家画人，人文环境的造就无疑起着决定性的作用。出生于徐州乡下，成长于南京城里的喻继高自然也受益于这块风水宝地，自然也有着“表仪一代，领袖百家”的胸襟与气派。虽然他出身贫寒，却有幸得到傅抱石、陈之佛两位艺术大师的灌溉；虽然他经历了新中国成立以来中国美术历程的复杂多变，也经历了社会的复杂多变，却在中国画发展的不同当口以及自我探索的关键阶段，以自己呕心沥血的精神奉献，丰富充实了中国工笔画的艺术宝库，像前述的十大家一样，引领着一批批后来的艺术探索者前行，并为他们提供了前无古人的经典范本。如果说，“文化大革命”之前的工笔画界有“北于南陈”（北指于非闇，南指陈之佛）双峰并峙之说，称道两位大家各有千秋的艺术成就，那么，“文化大革命”之后的喻继高则一马当先独领风骚，堪与比肩者很难找出第二人。

今天，这位被称作“天下无双”的当代工笔花鸟画大家，已逾八十。上下千年，艺道无终，他对工笔花鸟画的认识和理解仍在不断深化，以心血化成的一幅幅佳作仍在不断涌现，夕阳正艳，满目春色。因此，研究他的艺术道路，研究他的艺术生成背景，研究他对工笔花鸟画的卓越贡献，不仅有助于我们深入理解他的工笔花鸟画艺术和他的博大胸怀、高尚人品，也有助于我们进一步解决传统与现代、艺术与生活、民族与世界等世纪性难题，而且对推动当代中国工笔花鸟画的创作和发展都有着积极而又深远的意义。

喻继高无疑是世纪之交的中国美术史上一个重要存在，理论家理应投以更多的目光，更真实地贴近一颗杰出的艺术家的审美心灵。历史会证明，喻继高的重要性将紧紧排在十大家之后，而作为工笔画大家载入现代美术史册。

喻继高父亲喻明增先生

童年回忆

在许多名人的经历中，都有着非常苦难的一页。一位哲人说过："真正的艺术家是苦难的大师。"因为苦难，可以逼出一个人的努力来。没有经历苦难的人，往往缺乏宏大志愿，而一个缺乏宏大志愿的人，绝不可能取得成功。

喻继高母亲薛鸿菊

正像大家所了解的，20 世纪已出现的伟大画家大多来自家境贫寒的乡村。比如齐白石出生于湖南湘潭农村，父亲齐以德既老实又无能，这个只有一亩田地的家是由精明强干的母亲来担当的；林风眠出生在广东梅县一个石匠家里，他的祖父每天带着他上山陪他打石头，任他在岩石上、树林和杂草间游荡；潘天寿出生于浙江宁海县北乡冠庄村，七岁丧母，是一位从偏僻山乡走出来的农家子弟；李可染虽出生在江苏徐州城里，父母却是目不识丁的贫民；李苦禅出生在山东高唐县一个贫苦农民家庭；傅抱石的家境十分贫寒，自幼丧父，很小就在一家瓷器店做学徒工……这些功成名就的大家，几乎都生活在饥寒交迫之中，无不把苦难当做财富，把苦难当成动力，以苦读为伴，以苦行为生，终成大器。试问古往今来，凡成大业者，哪一个不是从人生艰难坡道上走过来的人？哪一个辉煌人生的背后，不是

喻继高就出生在这间简陋的房子里

喻继高的父亲喻明增与母亲薛鸿菊

一部艰辛苦痛的奋斗史？

喻继高和上述的大师们一样，也出生在苏北农村一个贫穷的农民家庭。

1932年农历七月的一天，他降临在江苏省徐州市铜山县（现铜山区）棠张乡一个叫喻庄的小村庄。因为是喻家长子，生下来皮肤黝黑，所取奶名叫大黑。大黑的父亲喻明增是一个老实巴交、淳朴憨厚的农民，母亲薛鸿菊是一位勤劳、善良，善于勤俭持家的农妇。初为人父的喻明增盼来了他的第一个孩子，的确高兴了好一阵子，不久便离开家乡，弃农去了徐州。先是在一家米行做学徒，后来又辞别米行，推着独轮车跑跑小生意。小继高出生之后，母亲接连生了十个孩子，其中夭折四个，家境越来越艰难。幼年的喻继高几乎是在祖母和三祖父的怀抱里长大的。

喻继高的祖辈是书香门第，曾祖父和二祖父都中过秀才，并设帐于乡里，知书达理有很高威望。可惜英年早逝，未能使小继高受到教益。祖母和母亲虽不识字，却也能背诵几首唐诗，给嗷嗷待哺的小继高以启蒙的教育。在喻继高幼小的记忆里，祖父的印象已很淡远，留给他印象最深、感情最厚、影响最大的人是被他称为“三

三爷爷喻光凤

三爷爷

喻继高

我有三爷爷，
待我特别亲。
教我诗书画，
教我学做人。

爷爷”的三祖父。三祖父名叫喻光凤，是他祖父的三弟，四十出头的人一直膝下无子，视继高长侄孙如长孙，疼爱尤加。三祖父没有正式进过学堂，但在乡亲眼里却是个最有学问的传奇式人物，不仅上知天文下知地理，通晓古今，还能为人排忧解惑、指点迷津，尤善说书讲故事。农闲时节或冬日夜晚，他的小屋里常常聚集左邻右舍的乡亲们，听他闲聊神侃。

听祖母说，他出生之后，就是这位三爷爷跪在堂屋的供桌前，对着神像重重地叩了三个响头，按照喻氏“忠恕堂”的“弘施存先正，大光明继广”的家谱，给这个喻家长孙取名“继高”，有继承祖训、志向高远之祈愿。

喻庄是位于苏北铜山县棠张镇向南 3 华里的一个村庄，村子不大，住着四五十户人家，全庄不过 200 多人，以喻姓为主，另有少量外姓。这里民风淳朴，安贫守道，没有虚伪，没有邪恶，只有无声的劳作和叹息，只有如同一家人的亲和友善。喻庄南边有一条河流，西边靠近郎溪河，风景不算美丽，却有着鸡鸣、狗叫、牛羊欢的农家情调，有着麦苗青、菜花黄、稻谷香，听取蛙声一片田园风光。

在民不聊生的旧中国，生活是清贫的，日子是艰难的。喻继高却少有儿时食不果腹的记忆，因为那时他有着自己的乐园。在美丽的乐园里，有一大群和他一样不知道什么叫苦的小伙伴，与他一同干活，一同游戏，一同幻想沿着门前的河岸，走向遥远而广阔的世界去……

他喜欢和小伙伴们一起去割草、放牛、牧羊、挖野菜，更喜欢和小朋友们一起逮蚂蚱、捉蟋蟀、叉田鸡、抓鱼摸虾、水中嬉闹，那是他童年最快乐的时光，最无忧无虑的岁月。

他忘不了在春和景丽的日子里，三爷爷带他去放风筝的情景。当三爷爷亲手为他糊扎的蝴蝶风筝、彩龙风筝，飘然放飞高空时，不知为他引来了多少小伙伴们羡慕的目光，使他打心底里高兴。特别是三爷爷用自己配制的颜料“三下五除二”就把风筝画成蝴蝶或龙的形貌的本领，尤其令他神往，佩服得不得了。这位满腹经纶的三爷爷无意中已为喻继高其后喜爱艺术播下了启蒙的种子。

他也忘不了在那大雪封门的日子里，三爷爷带他去河沟里逮鸟的快乐经历。冬天河沟干涸了，河沟底尽是枯枝败叶，便成了麻雀取暖藏身的地

我是喻庄人

大老爷喻光波是喻继高入小学时的第一位教师。喻继高不忘师恩，百忙中去看他，看看老师笑得多开心

喻继高在举办省亲画展期间，回喻庄看望家乡父老乡亲

方，自然也是捕捉它们的好时机。三爷爷带着喻继高把自织的小网张在河沟的一头，然后跑到河沟的另一头撒土赶小鸟。待到小鸟接近网子的时候，他们猛然大声喊叫，大把撒土，小鸟受到惊吓猛地一飞，大多撞进网里动弹不得，一个个束手就擒，那是喻继高儿时感到最好玩的事情。

稍大一些时候，喻继高几乎成了三爷爷的“跟屁虫”，每天吃过晚饭，他照例跟在三爷爷屁股后面，帮着三爷爷提着茶壶、拿着烟袋，一起来到三爷爷的小屋。他总是睡在三爷爷的床里边，躺在被窝里，竖起耳朵聚精会神地听三爷爷给乡亲们讲故事。

那时乡村的冬夜是漫长的，村民们没有娱乐活动，三爷爷的小屋就是他们寻求快乐的地方。等人来得差不多了，三爷爷便喝着粗茶、抽着旱烟，慢条斯理地开讲他每天都不一样的故事。在喻继高的印象中，三爷爷就像一位民间说书的艺人，肚子里装满了历史典故、传说故事、章回小说、名人轶事、古代笑话，说不完，讲不尽，不时地引发大家一阵阵开怀的笑声。从程咬金半夜爬起来做皇帝到诸葛亮借东风火烧赤壁，从刘关张三英战吕布到鲁智深拳打镇关西，从苏小妹三难苏东坡到孙悟空三盗芭蕉扇，从苏武牧羊节不辱到岳飞风波亭遭难，一个个跌宕起伏的情节，一个个神奇活现的人物，都让刚刚懂事的小继高听得入迷，沉浸在故事的扑朔迷离之中，浮想联翩，连做梦也是姜子牙、关云长、赵子龙、宋公明、武松等三爷爷故事中所说的文人武将。

在喻继高幼小的心目中，三爷爷最有本事，最有学问，也是他最亲近的人，他打心眼里喜欢他、佩服他、敬重他，几乎和他形影不离。三爷爷对他更是百般呵护、十分疼爱，但并未放松对他的教育和培养。自喻继高懂事之日起，早逝的曾祖父和二祖父留下的圈满朱砂的一箱子线装书就排上了用场，三爷爷俨然像一位私塾先生开始教小继高认字、写字，读诗、读书，每天都要督促和检查。三爷爷对他说，“白马紫金鞍，骑出万人看；要问谁家子，读书人做官”，“书中自有颜良玉，书中自有黄金屋”，“熟读唐诗三百首，不会作诗也会诌”等等，这都是三爷爷时常挂在嘴边的劝学警语。在喻继高的身上，三爷爷寄托了自己的理想，倾注了自己的心血，他希望自己的长侄孙好好读书，将来有出息，能够光耀喻家门庭。

对喻继高影响最深的就是三爷爷教他“改诗”的逸事，可以说是他儿时最难得的教化。记得有一年冬日里的一天，外面下着鹅毛大雪，屋里的三爷爷捋着胡须，一本正经地对正在读唐诗的喻继高说：“我看古人诗文有的太肥，有的太瘦，需要

又回到老家了，喻继高和乡亲们在一起

增减更为精妙。”看着喻继高满脸茫然的样子，三爷爷翻开《唐诗三百首》中杜牧的《清明》诗，先让喻继高放声朗读一遍。然后，他指出：“这首诗显得太肥，可以改瘦一些。比如第一句‘清明时节雨纷纷’的‘时节’可以不要，‘清明’指的就是时节，再用就显重复。第二句‘路上行人欲断魂’的‘路上’就显得多余，行人必然行走在路上，何必再说路上。第三句‘借问酒家何处有’中的‘何处有’本身就带有询问的口气，‘借问’当然就不必要了。第四句‘牧童遥指杏花村’，指的是一个地方，而指路者未必非要牧童，这两个字可以减去。这首诗可减瘦为‘清明雨纷纷，行人欲断魂；酒家何处有，遥指杏花村’，意思一点未变，诗文则简洁得多。”见小继高似懂非懂地点着头的样子，三爷爷在纸上又写了一首七言绝句诗，道：“再比如古人洪迈这首《得意失意诗》，诗中曰：‘久旱逢甘雨，他乡遇故知；洞房花烛夜，金榜题名时。’此诗就显得太瘦，诗意不够。你想想，‘久旱逢甘雨’的久旱究竟是多长时间，显然交代不清楚；‘洞房花烛夜’也没有什么稀奇，因为男大当婚，女大当嫁，都会经历‘花烛夜’的时光。至于‘金榜题名时’就更需要交代清楚是什么人中榜才出乎人意外了。”小继高感到新奇，急切地问道：“三爷爷，你说应该加什么字才好呢？”三爷爷慈爱地拍了拍他的头，微笑着说：“‘久旱逢春雨’说的是干旱了很久，忽然遇到一场好雨，形容盼望已久终于如愿的欣喜心情，如果加上‘十年’的时间，是不是更加强了这种喜悦心情。‘他乡遇故知’是很亲切的，如果在他乡前边加上‘困在’两字，是不是有一种难中得救喜出望外之感，意思是不是更深了一层？我在‘洞房花烛夜’前边加上‘和尚’两字，在‘金榜题名时’加上‘乞丐’两字，诗意就会因为这特定的对象由不可能变成可能而更为神秘和新奇，也就更有意思多了。”说到此处，三爷爷吧嗒吧嗒吸了几口烟，然后吟哦道：“十年九旱逢甘雨，困在他乡遇故知；和尚洞房花烛夜，乞丐金榜题名时。”喻继高拍着小手，会意地连声称好。三爷爷乘机告诉他：“古人的诗词不仅要熟读，还要弄懂，更要养成动脑筋思考的好习惯。反反复复，积少成多，自然也就有了学问。有了学问，将来才能够大有作为。”这位质朴中透出儒雅的三爷爷，独出心裁提出的“肥瘦之说”，启开了喻继高小小年纪的心志，已在有意和无意中给童年的喻继高以巨大的影响。当喻继高再去读诗学文时，已不再是死记硬背，而是染上了勤于思考的习惯。以至于他后来走上了艺术的道路，对待传统精华也未能改变这种心性。

就这样，喻继高在三爷爷的点拨下，读完了唐诗三百首。直到有一天，小继高将李白的《静夜思》“床前明月光，疑是地上霜；举头望明月，低头思故乡”中的每一句都去掉前两字，改瘦成“明月光，地上霜；望明月，思故乡”时，三爷爷才笑呵呵地对继高母亲说：“你这孩子太聪明，将来一定会有了不起的作为。”母亲眼里闪动着慈爱的目光，她为有这样的儿子而欣慰。

喻继高心目中的母亲是伟大的，她善良贤淑、勤劳能干，为了维持七个孩子的生计，她拼命地劳作，挑水、打柴、锄草、耕种、背粮、打稻，从早到晚忙个不停，舍不得吃，舍不得穿，孱弱的身体里透着坚韧与顽强。为了养家糊口，她默默地吃苦受累，无声地忍受着饥寒劳瘁，无怨无悔。她的血液里流淌着根深蒂固的“行善积德”的传统，对穷苦人、有困难的邻里乡亲，她都充满着同情和怜悯。她极容易为别人的不幸和痛苦落泪，更容易对别人施舍，即便自己在水深火热之中也在所不惜。留在喻继高记忆里的是有一年除夕，一年吃不到一顿饱饭的孩子们，好不容易盼来了大年三十，好歹能吃上一顿饱饭。可当母亲端上香喷喷的白米饭和最后一道菜正欲坐下盛饭时，门外传来一位老人哀婉的乞讨声：“大叔大婶，行行好吧！可怜我孙儿，饿得不行了。”母亲闻声，立即盛好饭、捡上菜叫喻继高给乞丐送去。

喻继高与母亲

看着喻继高不情愿的样子，母亲说：“过年了，谁不愿意在家过年，谁愿意大冬天跑出来要饭？这么大年纪要饭来了，说明他们比我们更难。孩子，快给他们送饭去。”一个没有多少文化的中国农村妇女，一个平凡而伟大的母性，就这样以她的一言一行孕育着喻继高的成长，以至于成名之后的喻继高所以能做出那么多慈善之举，与母亲的善良从小给他以太大太深的影响不无关系。

然而，含辛茹苦的母亲内心又是刚强的，眼里容不得半点沙子。记得有一次，母亲带他去二姥爷在喻庄开的油坊打油。只见二姥爷站在高高的柜台后边，指着他的和喻继高年龄差不多的孙子，得意地数落着母亲，说：“你看你家孩子的手漆黑麻污的，天生就是个撸牛尾巴的料，哪像咱家孙子的手白净粉嫩的，注定是当官要笔杆的命。”要强的母亲一气之下油也不打了，拉着小继高离开了二姥爷的油坊。回到家中，她问喻继高：“你听懂二姥爷说你的话吗？”“听懂了！”喻继高大声回答。“你就只能撸牛尾巴犁田耕地吗？”“不是，我一定能写字认字！”喻继高的回答给母亲带来了莫大的安慰。为了争口气，母亲暗自下定了决心，再苦再难也要让孩子读书，也要让孩子学点本事有个好的前程，好让二姥爷看看。就在喻继高七岁那年，母亲把他送到村里办的一个极简陋的小学校读书。

喻继高上小学那年是1938年，抗日战争已全面爆发。为抗击日本鬼子的进攻，李宗仁将军在徐州外围的台儿庄与日军展开激烈战

与乡亲们合影，右二是大老爷喻光波

1944年喻继高在文庙读小学及初中，如今该校已迁至棠张镇新址。图为喻继高在仅存的原校址大门前留影

斗，共歼敌精锐部队一万余人。台儿庄战役结束不久，在日军疯狂的进攻下，徐州被日军占领，铜山也沦陷敌手。飞机的空袭和隆隆的炮火时刻在威胁着宁静的村庄，学堂里的孩子们常常躲在课桌底下读书写字。喻庄，也是日伪军经常出没的地方。日伪来了，先生迅速拿出了《四书》《五经》，让孩子们“之乎者也”诵读一番；敌人离开了，先生又拿起新课本带孩子朗读起来：“西瓜味，甜汁多，送给抗战将士解渴打鬼子……”就这样，喻继高在兵荒马乱中认字读文，国文知识在一天天地增长，幼小的心灵也萌发了对战争的仇恨和对和平向往的欲望。

在喻继高的上辈和亲戚中，没有画家，只有三爷爷能在风筝上画几笔。喻庄是乡间小村庄，也没有一个画画的。由于三爷爷影响，喻继高识字前，即爱信笔涂鸦、东抹西画，也属天性。在喻继高的记忆中，是悬挂在他家堂屋两侧那不知出自何人之手的花鸟画四条屏无时不吸引着他，那些画得并不高明的花与鸟，在小继高的眼里，像心爱的宝贝似的，成了他最初的图画范本，他不知反反复复地画了多少遍。

进入小学，当他看到新课本上那些黑白插图，就想起了三爷爷画风筝的情景。他也学着三爷爷样子，采来花汁、草汁，将课本上插图涂上花花绿绿的颜色，结果却因弄脏了课本受到了先生的责罚。母亲听说此事后，狠狠地打了他一巴掌，又含着泪对喻继高说：“全家人节衣缩食供你上学读书，就指望你好好读书将来有出息，为喻家争光，你应该给娘争口气啊！”一辈子被母亲只打过这一次，喻继高记忆特别深刻，但他也并未因此熄灭对绘画的兴趣。

村里的小学校没有高小，他是在离家十里路的乡镇上的文庙小学读的高小。天不亮，他就要起床上路，母亲则更早起来为他准备几张烙饼备做午饭；晚上回来，他还要在昏黄的油灯下做功课。寒冷的夜晚，因缺少棉被，他只能钻进牛棚的稻草堆中御寒。他懂得妈妈的心，他记着三爷爷的话，他下决心无论如何要好好读书，不能辜负老一辈人的期望。令喻继高最开心的是高小开设了美术课，他的美术作业经常受到老师的夸奖，使他对绘画的兴趣与日俱增。

应该说，喻继高读高小时，是一个温顺懂事的孩子，是一个知道上进而用功学习的孩子，他没有让大人烦神操心，总是以各科成绩的优秀去慰藉劳累的母亲。而母亲和三爷爷对他的夸奖，又促使他更加用心地去读书，他渴望通过自己的努力，实现长辈对他的希望。

他由衷地感谢母亲和三爷爷，是母亲给了他善良，是三爷爷给了他智慧。

60 年前的老同学

中学时光

1945 年 8 月 15 日，传来了日本帝国主义投降的消息，抗日战争胜利了。这十四年抗战的艰苦岁月多么漫长啊！它使孩子在灾难中长大成人，使壮年变成衰老，使无数无辜善良的人民丧失了生命，使美丽的田园化为废墟，使千千万万的妻子失去丈夫、母亲失去了儿子，这一场噩梦般的日子终于过去了。

这一年，喻继高高小毕业。他的一家和许多农民兄弟一样仍处于贫困交加之中，母亲依然坚持让喻继高继续读书。由于当地没有中学，母亲要喻继高跟随父亲到徐州城里就读。喻继高没有违拗母亲的意愿，以优异的成绩考入了徐州大彭中学。

那时，徐州刚刚光复，国民党统治下的这座城市陷于混乱。老百姓不得安宁，经常被强迫到街头去迎接南京派来的接收大员，去接管日本鬼子占领的财产，还

童年的喻继高

初中时的喻继高

高中时的喻继高

强行在学校存放。大彭中学受害最深，教室里外堆满了东西，老师只好带学生到校外树林里上课。更让喻继高不能容忍的就是大彭中学的学生，大部分都是国民党军政官员的子弟，或者是徐州周围县城富绅豪门的公子小姐，他们盛气凌人，娇生惯养，钩心斗角，常以欺负贫穷学生为乐事。喻继高从内心里感到，这里已不是他求学的场所，再也找不到了在家乡读书时同学之间那种淳朴的亲情，他急切地想离开这个让人心生厌烦的地方。

恰巧在第二年，听说毛彭春先生在铜山县文庙村高小的基础上创办了铜山兴华中学，喻继高便毫不犹豫地从大彭中学转学到兴华中学继续读初二。毛彭春是新中国建立后两次受到毛主席接见的教育家，他为农民办学的方针使他享有很好的口碑。可惜的是，新办的兴华中学没有初三班。其后又经过校方与私立的徐州中学交涉，于 1947 年全班转学到徐州中学读初三。

在徐州中学，喻继高遇到了两位带他步入画坛的老师，一位是王仲文，一位是刘乐夫。

王仲文的父亲王琴舫是徐州有名气的画家。受家学影响，王仲文主攻山水，虽强调学习与保存传统，但他并不受摹古的局限，而是偏爱走入自然，以传统技法写真实山水。每到星期天，他都会去野外写生，喻继高也常常背着画夹拎着小凳子跟着王老师到云龙山、云龙湖等风景点去画画，一画就是一天。在王老师的指导下，喻继高开始学习对景写生，初步懂得了中国画的用笔、用墨、用色，懂得了“师古人不如师造化”、“搜尽奇峰打草稿”的道理，懂得了游历名山大川，滋养笔墨造诣，是历代山水画家求新求变的不二法门。

面对自然景观，喻继高更喜欢画山花野草、雀飞蝶舞，家中堂屋悬挂的花鸟四条屏总是在喻继高眼前闪现。王老师见他随手拈来的山花烂漫、野卉飘香、阳雀穿林、鸳鸯戏水、彩蝶纷飞，充满稚趣和想象力，不时地给予指点、褒奖。就这样，

飞雪迎春 1984年 纸本 105cm×50cm

白羽醉风 2007年 纸本 120cm×240cm

喻继高如同小苗儿遇上了及时雨，艺术的雨露滋润着他的灵感，使他对画画的兴趣与日俱增。

刘乐夫是铜山县三堡南刘庄人，毕业于上海美专，主攻花鸟。刘乐夫的奇绝处不仅在于中国画的笔墨技巧出类拔萃，还在于他弹一手好琵琶，著名音乐家马可便出自他的门下。当时，刘乐夫和李可染等人创办的“中原艺社”，在徐州一带有相当的影响。他们多次举办艺术活动和艺社会员画展，崇拜刘乐夫的喻继高很自然地成为艺社活动的积极参与者和艺社画展的最热心观众。在喻继高印象中，刘乐夫先生展出的《七雄图》《知足图》等花鸟画，笔飞墨舞、涉笔成趣的大气，至今使他记忆犹新。作为喻继高的老师，刘乐夫认真地教给喻继高艺术的共同规律，但同时又热情地鼓励喻继高不要墨守成规，要独立思考、敢于探索。他从来不欣赏学生画得同他一个样。刘乐夫简直像一块磁铁紧紧地吸引着喻继高，使他常常有机会看刘老师作画，刘老师也常常让他参与“中原艺社”的活动。虽然在徐州中学就读的时间只有一年，喻继高却有幸得到了两位老师的指教，不仅点燃了他早期对中国画的兴趣，接受了他们在中国画技法上的传授，还在他们的影响和培育下，在“中原艺社”浓郁的艺术氛围的感染下，找到了自己入门的途径，绘画技巧有了长足的进步，在同学中也因有画画的专长而小有名气。

1948 年是令人兴奋的一年，随着中国人民解放军在东北和华北战场的辉煌胜利，淮海战役又取得决定性的胜利。很快，喻继高和欢笑的人群在锣鼓喧天的鞭炮声中，迎来了进城的解放军部队，徐州解放了。没多久，新成立的人民政府就把几所私立学校合并成徐州市第三中学，校址也由黄河沿建国路迁移到江苏教育学院。喻继高成为这所学校的第一届高中生。

那时正是 1949 年的春天，江南广大地区还在进行最后的解放。每当有胜利的消息传来，喻继高和同学们都一片欢腾，都要举行各种庆祝活动。捷报频传，庆祝活动不断，有绘画特长的喻继高有了用武之地，一天到晚忙得不可开交。在欢庆的队伍里，人们高举着他绘制的一幅幅毛主席、朱总司令的画像，抬着他用鲜红的色彩刷写的一条条胜利的喜报；在学校里，张贴着他画的漫画、宣传画和在红、绿、黄纸上书写的标语口号。他精心设计的欢庆胜利的墙报，在全市中学生墙报比赛中获得第一名，他还兴致勃勃地参加学校话剧团的演出，在《钥匙在谁手里》活报剧中担任角色。十七岁的喻继高简直像一头不知疲倦的牛犊，忙前忙后，将全部身心沉浸在社会的翻天覆地的变化中，为人民解放战争的节节胜利而欢呼，为光明的前景而激动。

经历了多年战乱，人民急切地渴望社会安宁，向往得到休养生息的条件。遭受过国民党的黑暗统治，人民喊出了“没有共产党就没有新中国”的心声。广大老百姓真心诚意地把党认作救星，把领袖认作再生父母，把解放军和干部们认作亲人。喻继高也抱有同样的感情，新旧社会两重天的对比，让这个混沌初开的少年认识了共产党；而人民政府恢复社会秩序、发展生产以及各项事业的工作在最初的开端就以巨大的成就鼓舞了全体民众，又使这个少年从心底里热爱共产党。这种情感表现在实际行动中，那就是听党的话，跟共产党走，尽力完成学校领导交给的各项任务，从喻继高进入徐州市第三中学的那一天起，即可看到他一路撒下的滴滴汗水。

在这段时间里，喻继高遇上了两位对他影响至深的女人。一位是他的同学——班长谢碧华，一位是他的入团介绍人——龚一展老师。前者像一朵冰清玉洁的荷花在他面前悄悄地绽放，陪伴他度过一个又一个忙碌的日日夜夜；后者似一盏熠熠生辉的明灯，照耀着他的前程，指引他懂得人生还有更高尚的追求。

翻开美术史，记载着许多艺术天才与红颜知己的动人佳话。在喻继高的记忆中，班长谢碧华是他人生第一个红颜知己。60 多年过去了，喻继高仍然清楚地记得，每当他日以继夜地画宣传画、写标语时，这位美丽的姑娘总是拿着代数书默默地坐在他身旁相伴，不时地夸奖他画得真好；每当他实在累得不行之时，她总是投向关切的目光，在一旁倒茶端水，劝他歇一歇再画；每当他忙于宣传活动耽搁了功课而产生忧虑焦躁情绪时，她总是找出时间主动地帮他把课补上。喻继高说不清那时的少男少女之间是什么感情，但有一点是肯定的，因为她的存在，他身心快乐，心情舒畅，画画学习有使不完的力气，甚至不知劳累。他们之间有说不完的话语，有太多

葡萄群雀 1990 年 纸本 60cm×66cm

的共同语言，他喜欢她那深情的目光，喜欢听她对他的赞语，她在有意或无意中，激励着喻继高勤勉地工作，努力地学习，争取更大的进步。后来，这位优秀的女班长去了西安，成为邮电部第四研究所所长，两人从此天各一方，再也没有机会见面，只能让美好的回忆永远镌刻在心间。

龚一展老师是江苏扬州人，是由徐州团市委派驻学校的团干。她的主要任务是加强学生的政治思想工作，并在思想教育的基础上发展团员，逐步在学生中发挥团组织的带头作用。学习努力、任劳任怨、积极向上的喻继高，很自然地成为她培养的对象。1949年7月，徐州团市委开办了政治培训学校，实际上是为解放初期的政治需要所采取的应急措施，目的是迅速地分期分批地培养一批青年学生骨干，顺应社会变迁的客观形势。经龚一展老师的推荐，喻继高成为这所学校的第一批学员。在近三个月的军事化的紧张生活期间，喻继高系统地学习了《社会发展史》《唯物辩证法》等理论课本，并在和龚老师的接触和交谈中，确立了共产主义的信念，树立了无产阶级的人生观，明确了学习的目的，渐渐懂得以辩证唯物主义和历史唯物主义看待人生的道理，懂得了人生最大的价值是大公无私、全心全意地为人民服务，人生的最高目标是为实现共产主义的伟大理想奋斗终身。随着他政治思想觉悟的不断提高，龚一展老师还主动地当他的入团介绍人，并让他在鲜红的旗帜下加入了共青团组织，

牡丹双鸽 1959年 纸本 127cm×35cm

使他成为徐州市第三中学第一名学生团员。

龚老师大不了喻继高几岁，精干、睿智，待人亲切诚挚，富有组织才能，像一个大姐姐一样关心喻继高的政治生命，给了他进步的思想，指明了他人生的方向。她是喻继高最为信赖也充满敬意的老师，她是喻继高政治道路上的引路人，她的话语犹如清澈的泉水，流入贫瘠的大地，润泽着喻继高萌动的心田，强烈地影响着他思想和性格的成长。

入团以后，喻继高处处以团员的标准严格要求自己，工作更加积极，学习更加努力，更加关心集体活动，得到师生的好评。在高中三年级时，他被推选为徐州市第三中学学生会文娱委员。

那时高三没有美术课，但是学校里有美术老师李雪鸿成立的美术组，开展美术活动很活跃。这位出身贫苦、自幼酷爱绘画的李老师，1930 年毕业于国立杭州艺专，曾与喻继高初中美术老师刘乐夫共同创办了“中原艺社”，对常来艺社参加活动的喻继高非常熟悉，得知喻继高当选为学生会干部，遂请他担任学校美术组组长。由此，喻继高不仅有了更多的学画机会，也有了和李雪鸿老师密切的接触和交往的机会，受益良多。李老师以山水画见长，大抵表现为南宗风格，功底是一流的。他不仅画得好，对美术理论很有见解，一直辛勤耕耘在美术教育的岗位上有 20 年，非常注重对美术人才的培养。当时，徐州第三中学美术组中画得与喻继高一样好的学生还有不少，他却对喻继高情有独钟，认为这位学生诚厚刻苦，虽笔性稚嫩，却有灵性，蕴藏着发展的潜质。在他的悉心教育下，喻继高很快在众多学生中脱颖而出，美术专业名列前茅。

面临毕业考学，喻继高忧愁起来。原因是他数学成绩太差，考试成绩经常不及格。他虽下决心要攻克数学关，但总是一头雾水，收效甚微，以至于高中毕业时还得到校方的通知：“数学不及格，选择适当时间回校补考。”就在此时，李雪鸿老师给他带来了特大喜讯，艺术类高等院校免试数学，动员他报考南京大学艺术系，因为这所学校积蓄着一批中国画坛的栋梁之材，拥有一流的师资力量。喻继高毫不犹豫地听从了李老师的话，报考了南京大学艺术系。

1951 年春夏之交，19 岁的喻继高坐进了南京大学艺术系的考场。

南京大学艺术系的前身，是李瑞清于 1906 年在北极阁创办的南京两江优级师范学堂国画手工科。1927 年，由国民政府大学院院长蔡元培倡导，在原址组建中央大学艺术系，并首聘刚从法国留学归来的徐悲鸿主持教务。徐悲鸿不仅为该学科筹

荷塘鸭戏 2008 年 纸本 145cm × 346cm

划了当时第一流的教育设备，还为该系组建了雄厚的师资力量。如傅抱石、陈之佛、吕斯百、黄显之、秦宣夫等人都在系里担任教学。虽然，在喻继高报考这所高校之时，徐悲鸿已北上主持中央美术学院的工作，但徐悲鸿倡导的“尊师敬业、磨砺技艺、严循传统、不慕时流”的教育方向仍为广大师生所推崇和沿袭，一批优秀的艺术家仍在系里执教。因此，南京大学艺术系是许多热爱艺术的青年迫切向往的艺术殿堂，报考的人数很多，而招生的名额只有七名，竞争十分激烈。考试的科目有“素描、中国画、创作、理论及口试”五门专业课程，对于没有进行过考前专门训练的喻继高而言，能否如愿考取高等学府的底气不足。他是抱着“尽力而为，成败在天”的心态坐进南京大学艺术系的考场的，心里并没有必胜的把握。

第一场素描考试，考的是石膏头像写生。喻继高从未画过素描，石膏头像看都未看过，不要说画了。他甚至不知道放在每个考生面前的半个馒头是用来当橡皮擦拭

画面的，差一点把它送进嘴里吃掉了。情急中他四下打量，只能看着别的考生怎么画就怎么画了。幸好他有临摹的功夫，依样画葫芦，总算完成了考卷。说句心里话，连他自己也不知道是怎么画出来的。

第二场考试是中国画，是对着一盆炮仗红花写生。这时，初中的老师王仲文、刘乐夫对他的美术启蒙教育发挥了作用，喻继高驾轻就熟地直接在宣纸上勾出白描花卉，他的自我感觉良好。如果说，他的素描考试成绩在其他考生之下，那么，他的白描花卉写生则为他争得不少胜券。写生完毕，主考官又让大家自选题材，内容不限，画一张画。喻继高想起了刘乐夫老师画的《七雄图》，便胸有成竹地欣然命笔默写了一群公鸡形象跃然于纸上。创作考试的命题是“欢送参干同学”。喻继高读高中时经常参加这样的活动，目睹过参干时的热烈场面，对这一场景非常熟悉。虽然，画人物并不是喻继高强项，但生活的感受使他把这幅创作的气氛画得非常强烈。

理论考试那天，主考官似乎特别多，大家坐成一排，不时交头接耳地议论着什么。喻继高从未经历过这样的场面，紧张得连大气都不敢出，只是如实地回答着一个个老师提出的问题，虽是春夏之交，他却不自主地汗流浃背。也就在这个考场，喻继高见到了他仰慕已久的傅抱石、陈之佛、秦宣夫等老师。

考试完了，喻继高回到了喻庄，在平静中等待着高考的结果。

一个多月后的一天，喻继高正在村里宣传卖余粮，有人从城里带回一张《新华日报》，上面刊登着高考录取人员名单。喻继高一把抢过报纸，急切地在南京大学的录取人员名单中寻找自己的名字。当“喻继高”三个铅字映入他的眼睑时，他简直不敢相信，又揉了揉眼睛再看了看，又狠狠掐了一下自己，不错，是“喻继高”名字，他的确考取了。他高兴地跳了起来，像范进中举一样，大声喊叫起来：“我考上了，我就要到南京上大学了！”他挥着手中的报纸，急速地向家里跑去，他要在第一时间内把喜讯告诉母亲，让辛劳的母亲分享自己的快乐。母亲擦拭着喜悦的泪花，三爷爷爱怜地跷起了大拇指：“好样的，大黑！出息了，你为老喻家争气了。”

昔日放牛娃，成了穷乡僻壤的第一个大学生，众乡亲们闻讯赶来，说长道短，纷纷庆贺，整个小喻庄沸腾起来。

大学课堂

登上南下的列车，喻继高内心无法平静，望着窗外疾驰而过的田野山庄，往事一幕幕地在他眼前闪过。善良的母亲、智慧的三爷爷、儿时嬉戏的小伙伴、深情的女班长、亲切的龚老师以及带他跨入艺术之门的三位指路人，都是他心存感念而难以忘却的亲人。如今他揣着自小怀有的理想，作别了乡亲，去南京一所高等学府报到，能够真正地走上了艺术道路，这个结果是他当初不曾预料的。一个没有家世背景的贫穷农家的孩子，一个在考前连素描还不知道怎么画的考生，竟然考取了南京大学师范学院艺术系。一个名牌的大学是不容易进的，喻继高至今也弄不清楚这个问题，或许这就是命运的神奇安排，让他的理想和现实靠近了一步。他不知道前方的路应该怎么走，但他明白应该加倍地珍惜这得来并不容易的机遇，好好学本领，取得优异的成绩来回报曾经给他恩泽的亲人和上苍对他的厚爱。

1951 年 9 月的一天早晨，天气格外晴朗，喻继高走进了南京大学的校门。他身穿着一件半新的粗布白衬衫，拎着几本中学课本和一床已缀满补丁的旧棉被，这

大学时的喻继高

就是他全部的家当。在所有报到的七名同学之中，他的行李是最简单的，当然也是最贫寒的。喻继高并不在意这些，他的目标是能学画就行。他站在那幢宫殿式的教学大楼前，这是他心中的艺术圣地，想到要在这个地方度过四个年头的冬夏春秋，他的心动了，开始思索是不是到了该下决心默默奋斗的时候了。

开学后，听说傅抱石先生执教他们中国美术史和中国画的课程，喻继高和同学们奔走相告，高兴极了，高年级同学无不投以羡慕的目光。

傅抱石的学识和素养是被人广为称道的。他是中国现代绘画史上开一代新风的人物，不仅在山水画领域戛戛独造、独树一帜，在人物画上也有所建树，甚至不低于他的山水画

与同班同学合影

傅抱石老师给学生示范

成就。他不满20岁时，就写出了十几万字的《国画源流述概》稿本；不久就出版了他的第一部著作《中国绘画变迁史纲》。经徐悲鸿的推荐和资助，傅抱石于1933年东渡日本，在日本帝国美术学院专攻雕塑及东方美术史，并继续钻研绘画和篆刻。1936年回国又经徐悲鸿介绍，来到南京任中央大学艺术系教授。新中国建立之后，他担任了南大艺术系的教授。傅抱石是一位多才多艺的艺术家，是一位个性强烈的富有创见的艺术家，他在时间不长的艺术生涯中，分别在山水、人物、理论、篆刻等方面取得不平凡的成果。这个靠着苦学和天才而登上画坛顶尖的艺术家，在同学们的心目中享有崇高的威望，大家都翘首盼望着先生的到来。

20世纪50年代初期，美术界争议的最大问题之一是中国画如何发展的问题。依照当时党对知识分子的认识，党号召艺术家："必须无条件地参加到工厂、农村、兵营和群众在一起。"艺术家的任务，就是以宣传新政权的种种优点来激发群众的感情，鼓动他们无私地投入新中国的建设中去。由此，现实主义的创作方法被推崇到极端的位置，所有在写实画风之外的艺术追求一概被斥为"形式主义"而被批臭批烂。而对传统中国画改革的讨论，一开始就带着某种政治色彩，以进步的人民为一面，以没落的“封建文人画及形式主义”的鼓吹者为一面，划分出了壁垒森严的阵营。在当时《美术》《美术研究》杂志上，刊登了许多这样的文章。例如有人认为：“今日有志改造中国画的画家们，必须毫不顾惜地抛弃文人画的包袱，掌握现实主义的新艺术观。”有人指出：“表现现实的真实性、思想性、教育性才是绘画的最高境界，因此山水、花鸟、四君子，便再也没有发展的余地。”还有人提出更激进的看法：“国画家首先自己来一次自我改造！”他要求国画家“痛改前非”迅速彻底与人民打成一片。受此影响，学院美术教育不再有国画单独的画科。就中央美院而言，在1950年只有绘画系，下设彩墨画科和油画科，1954年，彩墨画科改为彩墨画系，以人物画教学为主导，院长徐悲鸿以西画的素描造型手段改良中国画的思想和方法一直是该院教学主流。1949年的杭州艺专改名为中央美院华东分院，在江丰主持下，国画、西画两系合并为绘画系。其中国画部分同样大力加强了人物画，而山水、花鸟因难以直接为社会主义服务被处于边缘状态。当时

大学时代与同班同学在素描教室留影

大学时代与同班同学在素描教室维纳斯石膏像前合影留影

中国画的现状比其他画种更令人不安，整个国画界的气氛是沉闷的，国画家几乎都垂头丧气、无所适从。

身处中西绘画裂变冲突中的傅抱石对传统文人画有着清晰的认识和第一流的把握。从绘画立场和观点上看，傅抱石对用西方写实主义来改造中国画是颇不以为然的——虽然他并不保守。因而，傅抱石始终没有走中西融合之路，而是固守传统。他深知："中国绘画是中国民族精神的最大表白，也是中国哲学思想最亲切的某种样式。"他在1929年就异常坚定地指出："中国的绘画，也有特殊的民族性，较别的国族的绘画，是迥不相同！"他认为："中国绘画根本是兴奋的，用不着加其他调剂。"针对当时画界有人笼统地提倡"中西绘画结婚"的论调，他讥为"真是笑话"，并认定"中西在绘画上永远不能并为一谈"。他反对妄自菲薄，主张努力追求中国绘画的基本精神。

傅抱石认为中国画的精神的重要特征之一是"写意的精神"，要画的不是形，不是外表，而是精神，而且要用最简练的手法来表达。这一特征是由中国画的工具和材料所决定的。在画法上，他最重视"线"和"墨"，甚至认为"中国画的生命怕必须永远寄托在线和墨上，这是民族的"。他说，线是一种富有生命、独立而自由的表现，而线的三要素则是"速度、压力和节奏"，这三者的有机进行，是传达内容、情感的关键。

傅抱石从未把美术看作是一种单纯的技艺，他特别重视其精神内涵。"人品居其首"是他的一贯思想。他曾经借用"文人画"三个字来代表中国画的三原则，即"文"学的修养，高尚的"人"格，"画"家的技巧。三原则其实就是中国画的精神。画家当然应当力求技巧的发展，但画家的全部基础不完全建立在技巧上，技巧必须伴着"文"和"人"，才能完成它的最高使命。

傅抱石没有明确地主张借鉴西方画法，但从日本留学归国之后，他呼吁美术家应当"为民族复兴去尽最大的努力"，为此，"必须结合在一个目标之下，发挥我中华民族伟大的创造精神，尽量吸收近代的世界的新思想新技术，像汉、唐时代融化西域印度的文明一样，建设中华民族美术灿烂的将来"。

显然，傅抱石上述的艺术思想，与以西画改造中国画，强调中国画向写实靠拢，注重笔墨塑造自然对象的功能，规定中国画家"反映"或"再现"客观事物的要求等等的教学思想和方法是不可同日而语的。面对当时学院美术教育"一边倒"的大势，他忧心如焚，大声疾呼："中国画不能断送在我们这一代人手中！"为了挽救中国

喻继高曾于1951年在南京大学梅庵画室学画，由傅抱石先生授课。图为在梅庵画室前留影

画面临的危机，他要通过学院的美术教育塑造学生的基本技能、修养和风格，改变“一边倒”的艺术思潮和取向，反映并最终强化他的艺术思想。那就是：中国画是中华民族传统智慧的结晶，体现着中国人的民族自信心，其价值绝不亚于西方绘画；要使中华文化自立于世界民族之林，必须保持和加强中国画的民族特色，而不能让西画“吃掉”中国画。因此，傅抱石毅然决定亲自承担喻继高这个班的中国画教学工作，并亲手把这一届学生从一年级送到四年级毕业，将他的艺术思想浸透于每一堂课的教学中，以培养出建立在弘扬民族优秀文化基点之上的、发展的、开放的、具有现代民族意识的创造型美术人才。其巨大的理论力量，深深影响着喻继高和他的同学们。在傅先生长达四年的教导下，中国画在喻继高和同学们的眼中，展现出一种强大的吸引力，并打下了传统绘画基础、写生基础、理论基础和书法基础。这正是傅抱石教学体系的精髓。

傅抱石上的第一节课是在中央大学（现南京大学）六朝松旁梅庵的一间教室里进行的。当他款款走上讲台，喻继高和同学们终于见到了他们心仪已久的老师的尊容。他修长的身材，穿着一件普通的灰色布料长衫，宽厚的脸上嵌着一双睿智的眼睛，雍容阔达，一派学者的儒雅之风。他将随身携带的一本陈之佛先生所绘的册页轻轻放在讲台上后，便逐一地问了问每位同学的名字，和蔼可亲得像家里的长辈。

傅先生温和地问大家："今天是我第一次给同学们上课，首次见面，先考考你们，谁能说说中国历史上有哪些大画家？"

同学们面面相觑，无人应答。这个在今天看来十分简单的问题却难住了这群刚刚步入校门的大学生。连出生在城里的同学都回答不出来，更不用说像喻继高这样来自乡下的孩子了。可见当时入学的大学生们知识的贫乏。傅抱石没有责怪大家，而是微笑着说："这样也好，一张白纸没有负担，好写最新最美的图画。我们就从零开始吧！我会好好地教你们，你们可要认真地学哟！"语气充满了爱意。

为了给同学们增添信心，傅先生借用李白《将进酒》中的豪壮诗句"天生我材必有用"，鼓励同学们应像李白那样，用乐观好强的精神肯定人生、肯定自我。"只要你有才必有所用"，傅先生要同学们充满自信，要树立成才的大志，做一个对社会、对国家有用的人。接着，他讲述了曾在这所大学任艺术系主任的徐悲鸿先生的成才事迹。这位和喻继高一样出生在贫苦家庭的杰出艺术家，完全靠自身的努力而成为中国美术史上举足轻重的人物，他的坎坷经历本身就很令人动情。

随后，傅先生向同学们展示了陈之佛的作品，着重介绍了他所敬重的这位同事在工笔花鸟、工艺美术领域的成就。他说，陈先生的画如茶中极品，香中微涩，甘中微苦，清中寓厚，淡中寓浓，文雅秀润而丰富蕴藉，余味无穷。傅先生特别强调，陈先生是在中国花鸟画式微的年代，以无比的清新、秀雅再铸工笔花鸟画的辉煌；是在中国文人画逐渐脱离大众的风气下，建树了雅俗共赏的典范艺术。他希望同学们应该以徐悲鸿、陈之佛为榜样，自强不息，奋发努力，为中国的美术事业做出贡献。傅抱石的第一堂课在意犹未尽中结束了，不期而然有一股无法估量之力在同学们内心反复地冲撞、流动，尤其是喻继高更是心潮起伏，彻夜难眠。

第一次聆听傅抱石大师的授课，带给喻继高的是震撼人心的触动。从傅抱石的人格精神和学问修养里，他认识到艺术的神圣和个人生命的价值。傅抱石不愧是一个集教育家和画家为一身的天才，是中国画坛少有的富有魅力的人物。他对傅先生充满了崇敬，他能够得到傅先生的教诲是他一生的幸运，他甚至暗下决心，一定要做一个和傅抱石、徐悲鸿、陈之佛一样的人。虽然，他的艺术之路刚刚起步，但他明白"千里之行始于足下"的道理，从此他不可能在艺术上停下来，去过那种不需

反复推敲

创作中的喻继高

要奋斗、不需要创造的生活。他必须像师辈一样在人欲横流中耐住寂寞，不以自己的人格为代价去随波逐流换取廉价的虚荣。看来，在他前边的路上只能是以苦学为伴，以苦行为生了。喻继高无异于一个虔诚的朝圣者。

第一次见识陈之佛大师的画作，喻继高惊呆了，不由得在心中发出慨叹，工笔花鸟竟然能画得如此的美轮美奂，这是他从未见过的真正名作。他喜欢那幅《玉兰赤鹦》红与白的色彩对比，他也喜欢《朱梁五雀》的生意盎然；那幅《荔枝白鸽》是他的最爱，那幅《乌鸽秋荷》更使他爱不释手；他仔细揣摩《花柳蝉鸣》中蝉的画法，他也认真端详《梅雀山茶》布局的精彩，尤其用线是那样的畅达，用色是那样的和谐，格调是那样的高雅，幅幅都是他心中的图画，张张都是他向往的美景。喻继高感觉到了，陈之佛对他的影响是无法抗拒的了。如果说，在见陈之佛作品之前，喻继高还没有思考他的艺术出路问题，或者说他还在黑暗中寻找，那么，一旦接触了陈之佛的作品，他这个人就整个地被陈之佛的艺术魅力所征服。他似乎已经明确了自己的主攻目标，那就是从陈之佛这里迈出在艺术中寻找自我的第一步，陈之佛的工笔花鸟画成了他沿袭的楷模。他想，一方面有大师点化，一方面有自己的努力，只要自己不笨，总该能搞出点名堂来。

上天是公正的，一方面赐予你幸福，一方面让你承受苦难。喻继高如愿以偿得到了最好的老师、最好的环境、最好的教育，但他需要品尝的则是最艰苦的生活。夏天，他

参加校运动会的同学留影，前排左二为喻继高

总是穿着那唯一的一件粗布白衬衫，脏了的时候，往往在睡觉前洗一洗，挂在窗外晾一夜，第二天再穿上去上课。没有蚊帐，他只能任其蚊叮虫咬，常常无法安睡。冬天，则是一件空壳黑棉袄，从寒冬腊月穿到第二年开春。最让他头痛的还是吃饭问题，伙食费没有着落，只能十天半月地凑，忍饥挨饿是常有的事，好在当年在家乡习以为常的贫苦生活早已让他锻炼成铁打的汉子。直到1952年9月，院系调整，南京大学师范学院和金陵大学文学院合并成立为南京师范学院，目标为培养中学师资——师范教育享受国家公费助学金，伙食费由国家提供，喻继高的吃饭问题总算不成问题了。

刚上大学的时候，喻继高担心自己学习跟不上其他同学，心里存有些许乡下人的自卑感。因为见识少，也因为在大城市里来的同学面前觉得自己很土。他寡言少语，一心只是想着怎样才能让自己各方面学业赶上去，所以他起得早、睡得晚，节假日和休息时间也安排得满满的，总是抓紧一切时间读他的书、画他的画。尤其是南高院那幢宫殿式楼房的二层楼陈列室，是他最心仪神往的地方。因为那里陈列着一幅幅名垂画史的杰作。据喻继高回忆，有徐悲鸿的《愚公移山》《九方皋》《奚我后》，傅抱石的《万竿烟雨》《潇潇暮雨》《九歌图》，陈之佛的《青松白鸡》《文猫牡丹》《荷花鸳鸯》，还有一些历代的名家真迹原作，只要有时间，他总会轻步迈进这座艺术的宝库，默默地读画，目识心记这些大师的作品，总也看不够。当然，这里最让他心动的还是陈之佛的工笔花鸟作品。

尽管建国初期还是一个文化生活匮乏的年代，跳交际舞之风还是流行于各个大学校园，每到周末或节假日学校都会举办舞会，吸引着不少男女学生萌动的心。但是，在这种场合是很难找到喻继高的身影。每当音乐声起，舞池里晃动着男女同学的舞姿时，喻继高总是躲进灯光通明的教室里潜心作画，苦练基本功。没有多久，他的专业成绩已走在同学们的前边，并以自己的质朴和勤奋当选为中国画课程的课代表，获得了更多与傅抱石、陈之佛老师亲密接触的机会。

除了画画，喻继高还有一个爱好，那就是体育运动。在南京师范学院的优美校园里早锻炼、晚锻炼，按喻继高自己的话说，那是最令人惬意的快乐。足球绿茵场上，也不时闪现着他灵敏矫健的身姿。在全校举办的学生运动会上，他还获得过400米接力赛第一名的好成绩呢！

师恩如山

散文被列为唐宋八大家之首的韩愈在《师说》中云：“师者所以传道授业解惑者也。”师者的神圣就在于他为人类“传道”“授业”“解惑”，无论你多么伟大或者多么平凡，只要你拥有知识、技能，就离不开老师的传授。因此，尊师重教历来是中华民族的优良传统。民谚中也有“名师出高徒”，“一日为师，终身为父”之说，可见老师对于一个学生的成长起着何等至关重要的作用。

老师在喻继高的心目中是神圣的，他忘不了引领他走上艺术道路的三位中学启蒙老师，他更忘不了影响他一生的两位德艺双馨的大学老师。喻继高说，他是幸运

恩师傅抱石

喻继高

抱石恩师有远见，
国画传统不能断。
鼓励学生追大师，
伯乐识马有慧眼。

傅抱石先生在创作

者，一踏上艺术之路就接受了美术院校的高等教育，就得到两位在中国画坛开宗立派的名家大师的亲身传授，使他这位原无所知的穷大学生逐渐丰满起来，奠定了非同一般的理论和实践的基础和认知。傅抱石大师教了他四年大学的课程，毕业后还牵手送他走了很长的一段路程；陈之佛大师对他更是关爱尤加，收他为入室弟子，言传身教整整 10 年。喻继高是站在很高的起点上，切入艺术的堂奥，或者说，他是站在巨人的肩膀上攀登艺术的高峰。虽然，两位恩师已仙逝多年，但是每一念及先生的音容笑貌、道德文章，他们那渊博的知识、独到的见解、卓越的建树、待人的真诚和处事的风范，都会让喻继高温故知新，重新得到莫大的教育。思念之心长在，感恩之心难灭。

先说说恩师傅抱石先生。

傅先生的教学非常重视学生的造型基础训练，教学内容也是先从写生石膏头像开始。南大的石膏像，如大卫、马塞、拉奥孔、摩西、维纳斯、掷铁饼者、思想者等，大部分是徐悲鸿先生从法国带回来的。所不同的是，傅先生要求学生不是用素描明暗的方法写生，而是强调用线造型，以线条来写生石膏头像。他指出，中国画的艺术就是线的艺术，它不依赖色彩、明暗等表现手法，而仅以变化多端的线条来表现形体的质量感、运动感、体积感。线是中国画的精髓，离开线就不成为中国画了，特别是书法艺术的融入，更使线具有状物传情的作用。在中国传统绘画中，以线造型的特点不仅是工笔画所具有的，写意画同样也具备这种特征。他还亲自动笔示范工笔用线和写意用线的差别，并要求学生先以工笔线描练习开始，一丝不苟地表现出石膏像的结构、比例，务求准确。他强调指出这是一个中国画家所必须具备的基本条件。

遵循傅先生教诲，喻继高画得很认真，极力去体会以线表现对象结构的写生方法，一次不行，再画一次，每次作业都画了好多遍，再挑一张满意的作业请傅先生指教。喻继高记得有一次，傅先生看了他的作业后称赞道："你将来可以做张乐平！"意思是指喻继高一定会像漫画家张乐平一样出名成家。得到傅先生的褒奖，喻继高的学习劲头更足了。随后，他在傅先生的教授下，又进一步地锤炼自己的线描能力，先后临摹了发表在《故宫周刊》上的许多名画和敦煌壁画摹本。如阎立本的《历代帝王图》、吴道子的《送子天王图》、张萱的《虢国夫人游春图》、周昉的《簪花仕女图》、顾闳中的《韩熙载夜宴图》、李公麟的《维摩诘图》以及敦煌的《飞天》《供养人像》等。尤其令他难忘的是，傅先生去北京开会，携回了徐悲鸿先生珍藏的《八十七神仙卷》的原大照片，让他临摹，锻炼他勾勒长线的表现力。喻继高对此作用功最深。傅先生还将他拍摄的安徽省博物馆的一批藏画照片，多洗了一份专赠给他，供他研习，可见傅先生对他的良苦用心。

20世纪50年代初，傅先生进入了艺术创作的高峰期，佳作不断问世，他自己还担任了各种头衔的社会工作，异常繁忙。即便如此，他还坚持亲自带学生去清凉山、栖霞山、灵谷寺、玄武湖等地写生。平时习惯于室内石膏写生的学生们，一旦面对实景，面对丰富多彩的大自然，一时不知所措，无从下笔。傅先生一面耐心地给学生示范，一面讲解怎样以传统技法表现真实山水，如何用笔、用墨，如何提炼、概括的方法，明确地告诉学生们："只有深入生活，才能够有助于理解传统，也只有深入生活，才能创造性地发展传统。"

喻继高还清楚地记得在南京东郊写生时，傅先生手把手教他对梅花写生的情景。他说，所有研习中国画的人都一样，是按"临古、写生、自创"的渐进之路走下来的。写生在于"法于古法，化于造化"，"作画唯简至难，然非从极繁入手不能强为也"，指出如何取舍是写生的关键，并语重心长地说："十年种树成林易，画树成林半辈难啊！”

跟随傅先生外出写生，是学生们最开心的时刻，不仅得到先生的耳提面命，还常常得到先生的款待。因为写生地远，往往来不及赶回学校吃饭，傅先生总是慷慨解囊请几位穷学生共餐。有时，他还特意带一盒师母装好的干切牛肉，给学生们解馋。其实，那年月不仅学生经济困难，像傅抱石这样的大画家也并不富裕，不多的工资收入要负担六个孩子的生活开支，还要接济江西老家的亲友，日子同样清苦。饭桌上时而有一两样好一点的菜，也不过是“辣椒炒肥肉片”“红烧猪大肠”之类。

傅先生非常健谈，他讲徐悲鸿先生如何刻苦，天一亮就起来作画的勤奋精神；他说敦煌壁画的伟大艺术如何被盗卖国外，八国联军怎样掠夺中国宝藏的强盗行径；他还说唐伯虎如何来京会试考中第一名，又在京试中受诬告的悲惨遭遇；他也讲自己幼年时代的贫困家境。他说，那是他刚入小学后不久，发现同学们的书包里都携带一本小字典，每遇到不认识的字，翻开字典一查便知，他很想拥有一本和同学们一样的字典。但是由于家境贫寒，他哭闹多次，父亲也没允诺。为此，他急火攻心生了一场大病，高烧中仍念着要一本小字典。父母亲觉得孩子实在可怜，便咬着牙把字典买回来摆在他的病床前。傅先生把字典紧紧地抱在怀里，不久病就痊愈了。

喻继高是含着泪听完这段经历的。他懂得了先生为什么这样关怀他这个从乡下来的穷学生，是希望他们这一代人不再去经受他自己品尝过的那般艰苦。

作为课代表，喻继高有幸时常去傅先生宅院。傅先生家住汉口西路 132 号，那是他最熟悉、最亲切的地方。走进宅院大门是一条弯弯的洋灰路，通向一幢砖木结构的三层楼房。偌大的院子里长满了灌木和高大的乔木，院子被竹篱笆团团围住，那篱笆墙上爬满了盛开的蔷薇，环境十分清新幽静。外界都知道，傅先生的画室是绝不轻易让人进去的，于是便传言傅先生作画有特殊的秘密武器，不能让外人看到。喻继高享受着特殊的礼遇，不仅能进出傅先生的画室，还常常被留下来看傅先生画画，时而还被傅先生执意挽留吃一顿便饭，品尝一下师母罗时慧的厨艺。傅先生似乎对喻继高这个忠厚、纯朴、好学、上进、成绩优秀的农村来的穷学生特别关爱，经常送些笔墨、宣纸、颜料给他，并在学业上给予特别的指点。喻继高倍感温暖，视傅先生夫妇如亲人。

第一次走进傅先生画室，喻继高发现老师的画室并不是想象中大家书斋的那种气派，窗明几净，布满了字画古董，而是一间普通得近乎简陋的画室。除画室中间

喻继高与著名画家钱松嵒先生

喻继高与南京师范大学美术系教授恩师秦宣夫（右）、杨建侯（左）先生

放着一张大木头画案外，只有靠在墙角边的几卷宣纸，别的什么也没有，墙壁地面到处是墨迹，这太出乎人们对这间神秘的画室所产生的想象了。

傅先生作画时，身边常备一壶酒，画性大发时，常常边饮酒边作画，乘酒性恣肆挥洒。他有用嘴添笔的习惯，时常满嘴是墨，形象实在不佳，这可能就是不让人看他作画的原因。喻继高感觉到，他不让人看他作画的更主要原因还是傅先生作画时全心投入、异常专注，生怕别人打扰，影响即兴发挥，并不是众口传言的那样有什么秘密武器而怕人撞见。

有时在画室里，傅先生还向喻继高布置一些班里工作和学习的任务。比如，针对《美术》杂志发表王逊贬低中国画传统的文章，他要喻继高组织同学们一起讨论，鼓励同学们写文章进行反驳。在傅先生的全力支持下，由喻继高等人参与撰写的《我们对继承和发展民族绘画优秀传统的意见》文章，发表在1955年第八期《美术》杂志上，算是一家之言，表明了南师的一种学术立场和态度。傅先生也为之高兴。

就在快要毕业的那一年，南京市美术家协会成立，同时举行第一届美术作品展。傅先生鼓励同学们要积极准备作品参加展览，并亲自为同学们拟定选题，把创作任务落实到每一个同学。喻继高分配的任务是画一幅冬梅条屏。当他交作品时，得到傅先生的肯定，只是觉得梅干有些不足，傅先生便提笔作了加工。不久，全班同学创作的《春夏秋冬》四条屏被入选参展。在展览会上，喻继高看到大家的处女作，也看

与恩师陈之佛合影

到自己的成果，欣慰之余更明确了他致力于工笔花鸟的抉择。

再说说恩师陈之佛先生。

在现代绘画史上，陈之佛先生无疑是一位最有代表性的杰出的工笔花鸟画大师。他在深入研究宋元以来的工笔画传统的基础上，重点精研双勾重染的工笔花鸟，兼及没骨法和水墨写意法，创造了许多令人称颂的工笔花鸟作品。他对工笔花鸟画的突出贡献在于：不仅继承了中国花鸟画的优良传统，还发掘了工笔花鸟画的写意性，创造了积水法、撞水法，融写意手法于工笔之中，无论是境界的营造还是技法的创新，都将工笔花鸟推进到一个崭新的历史高度。正如傅抱石先生所评价：他在中国工笔花鸟式微的年代，以无比清新、秀雅的画风，再铸了工笔花鸟的辉煌；他在中国文人画逐渐走向曲高和寡的态势下，开启了雅俗共赏、平易近人的审美方向。陈之佛以坚韧的创造力和崇高的敬业精神，不仅开创了中国工笔画创作的新天地，还在我国工艺设计方面作出了开拓性贡献。1917 年，他年仅 21 岁，就编出了我国第一部图案教材。1918 年，他考入日本东京美术学校（今东京艺术大学）图案科，是当时学习工艺图案的唯一中国人。1923 年 4 月，他毕业回国，在上海创办了“尚美图案馆”，成为我国现代工艺美术设计的先驱。他生于 1896 年，逝于 1962 年，历任中央大学美术系教授、国立艺术专科学校校长、南京师范学院美术系主任、南京艺术学院副院长等职。在他从事美术教育工作长达 46 年的时间里，他在高等艺术院校先后开设了 14 门课程，撰写了近二百万字的学术论著、论文和美术讲义、教材，其中许多课程为中国美术教育历史上之首创。他的桃李满天下，凡是当过他的学生的人，无不感佩他为人师表的风范。他的心地是那么善良，那么纯洁，一尘不染，洁净无瑕；他对党、对社会主义、对新中国充满了真诚的爱，他的爱是发自内心的真情实感，绝不是那种歌功颂德的粉饰，这种深情时时倾注于他的工作中，流露于他的文章和画作中。他的作品因此充满健康向上的生机活力，一派祥和之气溢满画面。

论资历，论学识，论人品，论贡献，陈之佛都是一代师范。他赢得了美术界众口一词、有口皆碑的赞誉，也深深地影响着喻继高为人为艺的一生。

第一次见到陈之佛先生，是在报考南京大学艺术系的理论考试的考场上，一排的主考官，喻继高只是认了个面熟；第二次见到陈之佛先生，是在南京大学开学典礼上。当主持人宣布请著名教授陈之佛先生为新生讲几句话时，只见一位身穿雪白府绸长衫、梳得整齐的头发、架着一副玳瑁黑边眼镜的满面慈祥的白须长者，走上主席台来，操着一口浓重的浙江慈溪的方言，像说天书一样。喻继高一句也没听懂，只是紧紧地看着他所敬仰的老师，想着傅抱石先生第一次上课时所带的那些精湛的作品，是怎么从他手里画里来的，是那么美，那么艳而不俗，那么高雅而具有品位。那时，他就抱定了向先生学习工笔花鸟画的决心。

其实，喻继高在大学的四年中，陈之佛先生主要教授图案，从未给同学们讲过一堂花鸟课。即便如此，也并未影响喻继高求教于陈之佛的迫切心情。沾了课代表的光，喻继高比别人有了更多与陈先生接触的机会，而陈之佛也非常喜欢这位憨厚、朴实、聪明、用功的学生。这对师生也就在频频地交往中建立起亲密的情谊。

每次走进陈之佛先生的“养真庐”，先生总是很高兴地欢迎他的到来，常常把他的工笔花鸟原作搬出来让喻继高欣赏，不时地用他那无法改变的乡音讲述着他每幅作品的得意之处。高兴的时候，他还让喻继高带回几幅原作，要他认真地临摹。陈先生的一字一句，喻继高都牢牢记在心间，用心去体悟；对他的作品更是心追手摹，十遍二十遍地下过苦功夫。他细细品读，反复揣摩，认真临摹，深深地为老师作品构思的精妙、勾线的精到、造型的生动、设色的讲究所折服。

其实，这位工笔花鸟大师并不快乐，脸上时常布满了困惑和忧愁。面对建国初期不断的政治运动对艺术的冲击，面对当时大量的欢庆新社会、号召搞生产、描绘领袖形象的年画、宣传画、连环画等普及读物的提倡，面对要求艺术的“大众化”、艺术家“革命化”的阵阵声浪，作为工笔花鸟画家究竟何去何从，他苦闷过，他苦恼过，甚至伤心地对喻继高说：“如果没有人喜欢我的画，我就改行到校门口摆烟摊。”可见陈之佛先生当时悲观的程度。

实际上，陈先生是在为传统工笔花鸟画的前途而忧虑，为传统工笔花鸟画后继无人而郁闷。他推心置腹地告诉喻继高：“画个荷花瓶子就是和平万岁，画两块红砖头就叫又红又专，如此图解政治，何来艺术可言？中国花鸟画有着千年的悠久历史，如果毁在我们这一代手里，我们将成为民族的罪人。何况取消花鸟画，完全用反映现实生活题材来代替中国画的一切题材，也不符合党的百花齐放的文艺方针。”

令陈之佛先生没有想到的是，喻继高就在此时站在他的面前，由衷地说：“老师，我喜欢您的画！您的画很美，把花鸟鱼虫都画活了，读您的画是一种享受。我非常想跟您学工笔画。”望着喻继高目光中透出的真诚，陈之佛拍着他的肩膀，满怀真情地说：“好，好，喜欢就好，喜欢就要好好地学，多读、多品、多画。”就这样，喻继高成了陈之佛先生的入室弟子，开始了他对工笔花鸟画更深层次地学习和研究。

喻继高看过陈之佛先生的写生画稿，陈之佛说，崇尚自然，重视写生，是宋代

江苏省国画院院长傅抱石（右四）与省国画院画家喻继高（右三）、著名画家宋文治（右六）、张文俊（右七）等接待印尼画家李曼峰先生

花鸟画的重要特色。他也见过陈之佛先生的勾线，陈之佛告诉他，以线立骨是工笔花鸟的生命线，一方面要遵循物象的生长规律，根据对对象的仔细观察结合造型变换描绘的笔法；另一方面，既要求笔线的条理化，在形式上构成某种美的线型组织，又要赋予用笔技术以内在的生命和气韵。陈之佛先生还不时地对喻继高讲授工笔花鸟的分染、晕染、提染的敷色技巧，并以自己的经验示范积水、撞墨、渍色的妙用。

在陈之佛先生的指导下，喻继高画过梅花、荷花、玉兰、山茶、海棠、石榴、樱花、蔷薇、菊花、松竹、牡丹、芙蓉、秋葵等几十种珍花野卉，也临过白鹭、仙鹤、双鸽、鸳鸯、鹦鹉、绶带、苍鹰、麻雀、鹌鹑、家鹅、雄鸡、飞燕、黄雀、芦雁、野鸭、蜻蜓、蝴蝶、促织、蜜蜂等几十种禽鸟草虫，其间在白描、淡彩、重彩、没骨几个技法方面以及花枝穿插、花叶正反翻转的形态用笔的微妙而精致的变化方面，都得到了恩师的真传。

陈先生常常结合自己的作品，对喻继高加以点拨。他在《富贵耄耋》图中，以猫和蝶的谐音讲述工笔花鸟的“寓兴”传统；他在《鸟啄红柿》中，漫谈现实生活对创作的启迪作用；他在《荷塘双鹭》中，强调白粉的慎用和妙用；他在《古梅俊鹰》中，指出写意与工笔结合的创造；他以《湖边双雁》为例，说一说工笔花鸟藏与露的规律，他以《鸳浴藕花》为例，谈一谈意境的渲染；他以《鹤寿图》为例，讲一讲对传统题材的突破；他以《花石双鸽》为例，叙一叙色彩的对比与和谐。

陈之佛先生还倾心传授草虫禽鸟的勾勒及丝毛的画法。比如，有的鸟用单线丝毛，有的鸟用散笔丝毛，有时可以散笔、单线合用，还可以用丝毛辅以烘染让不同毛的质地尽显。陈之佛告诉喻继高，工笔花鸟的幽玄精神的确立、技法高峰的形成主要在宋代。无论技法形式还是研究物象的深入程度，风尚所及，宋代之后的工笔花鸟在总体上已不能与宋画相提并论。尤其可贵的是，宋人那一份体物的专注，那一份传情的精微，那一份把人与自然相融的境界，是后人追寻艺术时所不多见的。宋画是工笔花鸟的高峰，不可不予以重视。

的确如此，当喻继高遵循师训真正地走进了古人，走进了传统时，他深深地懂得宋画的博大精深，理解了恩师的真知灼见。比如佚名的《出水芙蓉图》《碧桃图》《罂粟花图》《山茶霁雪图》《果熟来禽图》等作品都是宋画中技法娴熟、体物精工的传世之作。他在临习《出水芙蓉图》中感受到宋人勾线分染功夫之成熟，单单用粉画法的多变、丰富而恰到好处，就不是一般绘画所能企及的。对荷叶的处理，是在分染底色后，用极淡的薄石绿开粉，柔和中见变化，又随着叶之形态的不同而产生厚薄虚实的差异。花瓣的正反用粉，在分染做底的基础上，既有区别而又不生硬，

写生中的喻继高

且注意画面虚实变化所产生的特殊效果。花蕊的立粉虽见脱落，但其形的排列、大小、错落、安排变化的讲究，都是未深入研究对象、未深入考究画法者所无法理解的。《罂粟图》也是描写花卉的作品，三朵花的正反、斜侧的安排，已落花瓣的花蕊的布局，微风使叶产生的向背变化，都说明在写生中画家所用的心智及所具备的处理技法的多样化。在临习中，喻继高明显地体会到，此画的背景是在物象塑造以外进行过整体色调的处理，略重于绢的灰色调衬托了粉红、浅紫、大红三色花的塑造所产生的有趣的色彩变化。不仅花瓣的形态精妙，分染亦根据花的颜色倾向，使用同类色而具深浅色度的变化。尤其在花叶边线的处理上，既有平面造型的装饰趣味，又有分染、烘托、开粉等方法在中间穿插使用，故虚实变化灵动又富形态美。《山茶霁雪图》的特点，除正常重彩方法的使用外，在花叶画雪处，留出绢地本色，细心处理周边后在其中施以变化的散笔点粉，表现雪的蓬松状，松紧相宜，极具特色。林椿的《果熟来禽图》在工笔重彩画技法的综合表现力上无疑是一个代表。此图中有一翘首小鸟，背景是略带秋意而多姿变化的树叶、转折生动的枝干以及前后穿插的四个果实。其画面的构图安排、枝干的伸长造势、果实的线面转折的塑造、虫蛀的叶面边形都颇见匠心；在鸟身的丝毛、果叶的用粉上细腻而不僵化，醒线的用笔也都精致到位。应用多技巧的处理而使画面虚实变化、空间关系、物形塑造都如此协调，在古今工笔花鸟作品中也是不多见的。

喻继高还在赵佶的《枇杷山鸟图》中，尝试水墨渍染的没骨画法，在徐熙《豆花蜻蜓图》中，体验野逸无华的自然之美，在崔白的《双喜图》中，感悟随结构变化带来的不同的丝毛技法。

有一段时间，喻继高对明代的工笔花鸟产生兴趣，当他从林良的《山茶白羽图》、吕纪的《梅茶雏雀图》、边景昭的《竹鹤图》、陈老莲的《荷花鸳鸯图》、边文进的《三友珍禽图》一一走过之后，他发现明代的画风已从折枝花鸟的风格扩张到了大景花鸟为主的形式里，加上水墨技法的渗透，大多画面是鸟、花双勾填彩，石、树则以水墨淡彩方法绘制，直追宋人黄居寀的《山鹧棘雀图》、李迪的《枫鹰图》的大章法，成就了明代工笔花鸟的重新崛起。到清代，总的格局虽不如宋、明，但恽寿平、居廉、居巢没骨法的兴起，无疑是清人的骄傲，为工笔画的发展另辟了蹊径。喻继高认为，恽寿平在用没骨画法描绘物象时所蕴含的雅致格调以及深入体会物象时的用心都是值得自己仿效的。至于岭南画派“二居”的没骨画法是喻继高最感兴趣的所在，陈先生直呼为“撞水撞粉”，说这个“撞”字，反映了没骨画法的精华所在。水与色、水与墨、色与墨、色与色之间，一旦在画面上用撞的技法则生动异常、千变万化了。他们的作品在塑造花鸟、草虫、蔬果时，色与粉的运用尤其具备特色，既有松动空灵的一面，又有饱和的一面，辅以精工的形象和鲜活的题材，故画面在灵动中有秩序，生动而又不失理法，不仅为恩师“积水法”提供了直接的参照，也引发了喻继高更多的思考。

“在传统的基础上创新”，无疑是陈之佛先生的经验之谈，也是他对弟子喻继高反反复复的教导。喻继高正是在对前人技法的研习和梳理中，进一步加深了对陈之佛先生作品的理解；也正是陈之佛先生的精心打造，喻继高才能筑基深厚，插上思想与艺术的双翅，翱翔于广阔的艺术领空，创造了今后工笔花鸟的辉煌。

陈之佛先生不愧是一位杰出的美术教育家，在对喻继高的培养和教育的过程中体现得尤为确切。在陈之佛先生的门下，喻继高得到的不仅仅是技法和技能，更多的则是精神熏陶与人格的影响。喻继高说他是：“平淡为本，朴素为体，真诚为旨。”说他是“他生命中无法报答和感恩的人！”

相爱永远

在喻继高人生值得纪念的物品中，有一张信笺大小的纸片，他保存了半个多世纪，纸虽发黄，墨水已褪色，但字迹依然清晰可见，上写着：

我们的誓言：同甘苦，共患难；永不脱离革命，永不背叛党；永不分离，永不变心；互敬互爱，共同进步。——喻继高、屠美如。

喻继高、屠美如在南师大相爱，
1958 年结婚组成一个美满家庭

这是在1958年7月1日的结婚典礼上，喻继高和他爱人屠美如共同立下的誓言，并以白纸黑字存照。

这不是一张普通的“爱情宣言”，它将是喻继高和屠美如两人需要用毕生的行为践行的诺言。字字千金，句句真情，它是喻继高和屠美如从相识到相知、相爱的见证，也是他们风雨同舟、相濡以沫走过50多年的爱情见证。

看着这张发黄的纸片，除了感动还有敬仰，它内含着许多当代青年无法理解的爱情观、人生观和价值观，它谱写了一个“人间自有真情在”的颂歌，它记录了一个相爱到永远的爱情故事。

屠美如出身名门望族，曾是富家的千金，外公是个大银行家。1950年，她考入南京师范学院就读于教育系。从上海到南京，这位纯洁、秀丽、阳光、短发的女大学生充满着对美好未来的畅想。

喻继高出身寒门，一贫如洗，有的是忠厚、诚朴、善良的品格，健壮的体魄和艺术的才华。谈及如此悬殊的家世背景，最终成为眷属，喻继高只说是一个“缘”字。

他们是同校不同系的校友，相识在1954年，缘于一次意外的火情。

那年秋后，南京天气已经很冷了。有一天夜晚，堆放在学生宿舍外面准备用来修缮房屋的木料突然起火了，火势迅猛。因为没有消防设备，赶来救火的师生只能从宿舍里拿起脸盆，到附近的水塘里舀水救火。但是，塘埂离水面很深，取水很不方便。眼看着大火蔓延开来，火情十分紧急，只见一个身影“扑通”跳入寒冷的水中，有人喊叫：“喻继高跳进水里了，快把脸盆递给他！”赶来救火的屠美如也把脸盆递给他，又接过他递过来的满盆水，一次、二次、三次……在师生们的共同努力下，大火很快被扑灭了。这算是屠美如和喻继高的第一次见面。虽不认识，也没说一句话，可喻继高奋不顾身的英勇行为却铭刻在这位善良姑娘的心里，挥之不去。一个青年学生，在危急关头，为了抢救国家财产，奋不顾身地跳进冰冷的水中，这是多么崇高的品质，这是多么令人感动的行为，具有这种舍己忘我精神的人才是最可爱的人。打这以后，屠美如开始悄悄地关注喻继高这个整天穿着一件黑棉袄的男生。

她所了解的喻继高，是一个人穷志不短的人。他品学兼优，为人端正，不仅积极上进，且专业名列前茅，深得两位艺术大师的宠爱，又是学校的三好学生。贫寒不是他的过错，他没有办法选择过去，却有权利选择未来。像他这样有志气的男儿，苦难算不了什么，反而能锻造一个更为美好的人生品格。爱在屠美如的心里冉冉升起。就在此时，党组织给了他们相互了解的机会。临近毕业前夕，已经申请入党的

大学期间党支部成员合影。后排左二为喻继高，中排左三是屠美如

屠美如接到参加讨论喻继高入党的通知。会议上，她听到了有关喻继高的详细介绍，对他的人品学识有了更进一步地了解。这种了解使她原来那种朦胧的爱变得更加清晰。不过，少女的矜持只能让她把爱埋藏在心底。

说来有缘，时过两个月后，喻继高又参加了屠美如入党问题的讨论，也对屠美如有了初步了解。喻继高全然不知屠美如对他的爱意，门当户对的传统观念使他压根儿没有非分之想。此前，他也曾委婉地向一位来自城市的女生表达过爱慕之情，落得个被人婉言谢绝的下场。因此，虽对屠美如心存好感，隐隐约约也有那种感觉，但他再不敢轻举妄动，只等天公作美，随缘而已。

还是因为一个“缘”字，感谢屠美如的闺蜜陈丽霞帮他们捅破了那层窗户纸。原来，她的大学同学陈丽霞出于关心，给屠美如介绍一个条件很不错的军官，接触几次屠美如总是心猿意马，情绪不专，不欢而散。问及缘由，屠美如只好向陈丽霞

喻继高与屠美如在中山陵

和盘托出心中的秘密。乐于助人的陈丽霞便瞒着屠美如，直接到美术系找喻继高为他们穿针引线。由于是第一次当红娘，陈丽霞欲说还休的样子，差一点闹出了误会，使喻继高误以为是她看上了自己。待陈丽霞说清楚了原委，喻继高却一脸的不知所措，顾虑重重。他担心门不当户不对，木难成舟；他也觉得女方是富家小姐，婚后难以侍候。三思之后，他找来同窗好友吴云发商量，帮他拿个主意。

吴云发听了喻继高的介绍，一拍大腿，说："好啊，这是天大的好事，千万别犯傻！既然人家都不嫌咱们穷，主动提出来，证明这个女孩是个不庸俗、不势利的好女孩，一定是个纯洁善良的姑娘。说明她看中的是你的人，你的品，你的才，是真情难得啊！她主动，我们更要主动，更要对她好，千万不能辜负人家的一片诚意啊！"就这样，在吴云发的鼓励下，由陈丽霞安排，喻继高和屠美如有了第一次约会。

记得第一次的约会是在南师大操场前的草坪上，皎洁的月光下他们相对而坐，一见如故，有着说不尽的话题。他们谈失火那天晚上的第一次见面，他们讲各自的学习状况和人生理想。喻继高说他的母亲和三爷爷，说他的恩师傅抱石与陈之佛；屠美如说得更多。她告诉喻继高，她出生于江苏常州东下塘，抗日战争全面爆发后，她们举家逃往上海法租界避难。父亲在上海安达纱厂当会计，母亲是银行家的女儿，她就读于上海允中女子中学。她的叔叔早在抗战时即奔赴延安参加革命；她的姨妈先是在上海参加抗日救国组织，后到苏北参加新四军。家中两位亲人参加革命，也影响着她的信仰。那时，她最爱读的书就是《钢铁是怎样炼成的》《青年近卫军》《卓娅与舒拉的故事》，上海解放后她就加入共青团组织。她天生喜欢孩子，她的理想是在幼儿教育的领域有所研究、有所造就，所以，她选择了南师的教育专业。

喻继高说他的家在苏北农村，很穷，但他天生喜欢画画，他希望走艺术道路改变他的人生轨迹。他说他又是幸运儿，一个乡下娃竟然考上名牌大学，能得到两位艺术大师的栽培，他没有理由不好好学习。穷是暂时的，他不在乎这些，他自信通过自己的努力会有一个光明前景在等待着他。他叫屠美如对他有信心，他不会永远的贫穷，他一定会给她带来幸福和不贫穷的生活。

随着几次的接触，几番长谈，他们的心靠得更近，他们的情在日益加深。他们都在这一年先后加入了中国共产党，共同的革命理想把他们拉得更紧。他们很快就明确了恋爱关系，陶醉在初恋的幸福之中。

消息很快地在同学们中间传开来，不少同学有些担心，一个乡下穷小子，一个城市娇小姐，将来能过到一起吗？他们的入党介绍人樊瑶娟也不看好这段恋情，分别找他们谈话，提醒他们应充分考虑将来会因生活环境不同可能会出现的矛盾，要他们做好充分的思想准备。其实，深陷爱河的喻继高和屠美如对大家的议论也并非置若罔闻，但是他们相信爱情，相信姻缘，更相信自己的眼力。像那份“爱情宣言”写的那样，他们有“同甘苦、共患难”的决心，有“永不脱离革命，永不背叛党”的志向，有“永不分离，永不变心”的真情，有“互敬互爱，共同进步”的誓言，他们要以事实打消大家的担心，证明他们的选择没有错，创造一个传统观念之外的爱情奇迹。

爱情的力量是无穷的。有了爱，喻继高学习劲头倍增；有了爱，他不再孤独，有人牵挂，有人疼爱，心里充满了阳光。只要时间允许，他们就会相聚在一起，把温暖、体贴带给屠美如。说不完的知心话，诉不完的思念情，使两颗年轻的心拥有了整个世界。

美好的大学时光，在甜蜜蜜的爱情中结束了。喻继高被分配到江苏省文化局，参与筹备和组建江苏省国画院工作；屠美如被分配到南京幼儿师范，成为辛勤的园丁。有一天晚上，屠美如到喻继高宿舍玩，不知不觉已到了深夜。从喻继高住处到屠美如所在的南京幼师有一段路程，喻继高送她回校。当他们走到珠江路附近时，夜空中突然传来一个姑娘的呼救声："抓流氓！抓流氓啊！"喻继高闻声而动，立即沿喊声追过去。此时，他的体育跑步强项排上了用场，很快，在两名下夜班的工人帮助下，制服了流氓并扭送到派出所。等做完笔录走出派出所，已是深夜一点多钟。雪后的深夜，寒风凛冽，冻得人直打寒战，可屠美如心里热乎乎的。那一刻，男友在她的心目中又高大了许多。她轻轻挽着喻继高，紧紧靠着喻继高的肩头，赶回幼师已是深夜两点多钟。

青年时期的喻继高

青年时期的屠美如

爱情不全是甜蜜，往往也有苦涩。屠美如记得在1956年春日里一天，她和喻继高相约到玄武湖公园游玩。公园里绿草茵茵、杨柳依依、鸟语花香，十分醉人。碧波荡漾的湖面上，游船不时漂过，留下一片欢声笑语。陶醉在此情此景中的屠美如回转身来，发现喻继高竟不在自己身边，四处找寻，原来他正站在一株白玉兰面前写生。屠美如走了过去，喻继高激动不已地说："美如，这株玉兰像你一样，太美了！让我多画一会，你自己去玩吧！"

已经不乐意的屠美如，只好无奈地一个人到几个风景点游玩去了。从玄武湖的翠洲到樱洲，再到菱洲，风景各有特色，一个地方比一个地方优美，屠美如已没有了欣赏的兴致。等她再次回到喻继高身边时，见他依然在画速写，屠美如没好气地说："你是不是该把手中的笔停一停，陪我一会儿。”可喻继高却不好意思地说：“我还没有画完呢，你再去转转吧！”说着，喻继高又旁若无人地去画他的玉兰了。说好一起游公园的，却如此冷落自己，屠美如的气不打一处来，气愤地掉头就走。而喻继高竟然仍迷恋着玉兰的写生而未去追赶女友，一对恋人之间的矛盾不可避免地发生了。事情过去好几天，屠美如一直赌气不睬他。喻继高多次登门致歉，说明自己主要是创作的需要、不写生不行的道理，并不是有意为之，希望得到她的谅解。屠美如也感觉到男友的事业心和对艺术的执着，这是好的品质，作为女友应该给予理解和支持。于是，两位恋人在相互致歉中又和好如初了。

说来也奇怪，通过这件事，屠美如反而开始对绘画发生了兴趣。她不仅常常抽时间看喻继高画画，也常常翻翻画册、读读画论、看看画展、听听喻继高的议论，兴致来了，也动手画上几笔。渐渐地，屠美如对中国画已不是一般的兴趣，而是有了深入的研究，并结合自己的幼教专业，将中国画教学融入其间，先后出版了《幼儿美术教学法》《学前儿童美术教育》《幼儿彩色画世界》等专著，为学前教育事业的拓展做出了重要贡献。每每谈及此事，屠美如总会深有感触地说：“如果没有喻继高对艺术的执着，我不会遭受‘冷落’，我可能不会对中国画产生那么浓厚的兴趣，也可能不会有今天的成绩。”满脸幸福溢于言表。

屠美如还说了两件令她感动的小事，证明喻继高对她爱得深切。一件是在有一天晚饭后，两人散步到山西路一家汤圆店门口。屠美如提出想吃四喜汤圆。四喜汤圆一碗四个，有芝麻馅、豆沙馅、鲜肉馅和青菜馅四种。上海人喜吃甜食，喻继高知道屠美如最爱吃豆沙馅，一下买了四碗，16 个汤圆全部都是豆沙馅。由于刚吃完晚饭不久，那汤圆又大，一个就有一两多，屠美如吃了三个就不想吃了。为了不浪费，喻继高要把余下的汤圆都吃掉。结果，吃了七八个就已经很饱了。屠美如担心他别撑坏肚子，就劝他不要吃了，浪费就浪费吧。可从小吃惯了苦的喻继高却一点不愿意浪费，硬是把 13 个汤圆全部吃掉，屠美如嘴上怪他穷大方，一下了买了这么多汤圆，心里却充满了感动，感动的是他这个人太实在，和这样的人一起生活心里踏实。

另一件事，是他们有一次相约去上海拜访屠美如父母。那个年代，公共汽车很少，为了赶火车，他们天不亮就出发了。天上下着蒙蒙的细雨，两人急匆匆地往公交车站赶。可当他们赶到大方巷站时，公交车正好出站，两人怕误了火车，又急急忙忙地跟着公交车往山西路站追。然而，好不容易拎着箱子赶到山西路站，却发现在此候车的人比大方巷的人更多。眼看挤不上了，见一辆三轮车载一个人过来，喻继高

1948年屠美如全家合影

1960年在南京树德里旧居前留影

连忙问车夫能否再带一个人送到火车站，不要误了去上海的火车。三轮车夫同意了，便让屠美如坐上三轮车。屠美如问喻继高怎么办。喻继高说："我跑！"。说着，便在雨中跟着三轮车跑到下关车站。看到喻继高被雨淋湿的样子，屠美如非常心疼，说今天实在赶不上火车可以明天再走，何必这样苦自己。喻继高轻松地笑着说："咱们说好了今天去上海，如果推到明天再走，父母等不上我们该有多失望啊！"说得屠美如忍不住掉下了眼泪。就在这些看似平常的小事中，屠美如深深地感到喻继高是一个懂得爱、值得爱的人。

在他们相恋的三年时光里，出于多种原因，屠美如一直没有把自己的恋情告诉家人。等到要正式拜见屠美如父母时，喻继高心里没有底。坐在南京开往上海的火车上，屠美如虽然一再说她的父母怎么好怎么通情达理，喻继高仍然有些忐忑不安，担心她的父母能否看上自己这个出身农村的"穷小子"。到了上海，令喻继高兴奋的是屠美如的父亲对他十分欣赏。原来，就在他拜见未来岳父之前，学校的领导到上海办事时，曾到屠家拜访，无意中和屠美如的父母说起他们的恋情，言语中对喻继高褒奖有嘉，已给他增加了不少印象分。

那天，屠美如的父亲躺在病榻上，手里拿着《新华日报》，欣赏着喻继高发表在上面的作品《百鸟朝凤》，连连夸奖画得不错。屠美如的母亲却悄悄地把女儿拉到一边问："北方男人会不会有夫权思想？"屠美如告诉母亲："我只知道他朴实真诚，对我很好，我也喜欢他那种北方男人的阳刚之气。"就这样，原本以为父母会竭力反对的婚姻，居然顺利地通过了。他们俩都感到分外的开心。

1958 年 7 月 1 日，喻继高和屠美如终于牵手走进了婚姻的殿堂，就有了那份写在信笺上的"爱情宣言"。宣言写下来容易，做起来却未必那样简单，婚后磕磕碰碰的事情常常发生，也难免给这个家庭带来不快。

比如吃饭问题，这是每个家庭都要面临的问题。白天，他们两人都上班，只能分别在各自的单位食堂吃饭。晚上回来，屠美如希望能自己烧点可口的饭菜，享受两人世界的温馨和幸福，便和喻继高商量打算先买个炉子。可是习惯了单身生活的喻继高却坚决不同意，说是两个人都要工作，下班回来他还要画画，吃食堂更方便。屠美如说，居家过日子总不能一辈子吃食堂，那还有什么意义呢？在妻子的坚持下，喻继高只好把炉子买了回来。

炉子买回来了，矛盾也就产生了。屠美如有自己的工作，不可能天天待在家里操持家务，炉火常常因照顾不周而熄灭，需要重新生火。喻继高最恼火的就是生炉子，因为烧煤球的炉子特别难生，常常弄了半天都点不着，有时气得他恨不得把炉子踢翻。

另外一件令喻继高恼火的事，就是洗衣服。每到星期天，屠美如就会找出一大堆衣服让他帮着洗。想到好容易一个休息日却不能用来画画，喻继高忍不住就要发牢骚。

再说生活习惯的差异。比如在上海城市里长大的屠美如喜欢临睡前开灯看书，而来自农村的喻继高则养成了关灯早睡的习惯。为此也少不了口角。

吵归吵，爱归爱，每每矛盾发生、战火燃起，他们都会想到婚礼上立下的"同甘苦，共患难"的誓言。喻继高总是先缴械投降，礼让三分，而屠美如也春风化雨给予他更多的理解。酸甜苦辣的日子在不知不觉中过了一年又一年，1960 年 5 月他们有了爱情的结晶——喻慧，1962 年屠美如又生下了儿子喻勤。名字是喻继高起的，他希望女儿能够聪明一点，儿子能够勤快一些。

说起两次坐月子，屠美如满肚子苦水。那时正值国家三年困难时期，他们家里的经济也经常入不敷出。两人的工资除了负担双方父母的生活费，常常不到半个月就花光了，还不知怎么花的。他们商量开始采取记流水账的方式，严格控制开支，日子过得紧巴巴的。生女儿喻慧的时候，喻继高出差在外，妻子只好从青云港的家里搬到省幼师集体宿舍去住，以便既不影响工作又能得到同事们的照顾。这天，屠美如快要临盆了，同事们赶紧把她送到医院并联系喻继高。下午五点多钟，在屠美如进产房前喻继高匆匆赶到了身边。没有经验的喻继高，只想到赶紧去给上海的岳母打电话请老人家快些来，却想不到要为产后的妻子准备吃的。等他转身离去七八分钟，屠美如顺利地生下女儿后从产房被推了出来，疲惫的她感觉非常饿，却又不见一个亲人，顿生凄凉之感，泪水禁不住夺眶而出。直到第二天喻继高才赶来医院，气得她把脸背了过去不知说什么才好。

生儿子喻勤那年，正是国家三年困难时期最困难的一年，喻继高又因工作需要经常出差在乡下，屠美如想让他从乡下买点鸡蛋回来。谁知，身穿中山装的喻继高被卖鸡蛋的老太太误认为是抓投机倒把的乡干部来了，吓得拎着篮子就跑，一个鸡蛋也没买到。喻勤出生时，因岳母在上海照顾喻慧，喻继高只好将母亲从老家接过来照顾妻子。喻继高又恰好拿到了十几元的稿费，就买了一只老母鸡，炖了汤，给妻子补补身子。结果，屠美如喝了一碗就休息了，喻继高以为她不想喝了，就把剩下的汤分喝了。如此一来，屠美如生喻勤的月子里，最奢侈的也只有那碗鸡汤了。真苦了贤德的屠美如了。

说起两次重病，屠美如眼里盈满了幸福的热泪，一切怨恨、委屈、苦难顿时云消雾散。她说，是喻继高用爱撑起了一片晴空，为她挡风避雨，躲过了死神的劫难，让她获得了第二次生命，见证了他们爱情的誓言。

那是喻慧出生之后，屠美如一直没有得到基本的营养补充，就拖着虚弱的身子上班了。上班四个月后的一个星期天的早晨，屠美如起床时感到头疼得厉害，只好又躺下来。后半天喻继高发现她烧得厉害，便找了一辆三轮车送妻子到工人医院。医生诊断是重感冒，开了些退烧药了事。可到了晚上，屠美如的病情一点未减，喻继高又找来三轮车，拉着她又到了医院。医生仍按重感冒治疗，屠美如的病仍然如故，躺在床上呻吟不止。喻继高心痛万分，束手无策。

当天晚上，喻继高到医院拿药时，发现屠美如的所有病状和医院宣传栏上介绍的脑膜炎症状一模一样，便急忙找到医生，提醒医生说他的爱人可能患的是脑膜炎。医生摇摇头说："现在是流行性脑膜炎的高发期，不过患脑膜炎的不是孩子就是老人，像你爱人这样的年龄，患这种病的概率很小，几乎不存在。"

喻继高赶紧向医生介绍了自己爱人的相关情况，说她在省幼师当班主任，工作量相当大。由于幼儿教育是新兴学科，不仅所有教材要自己编，每天还要上四五节课。

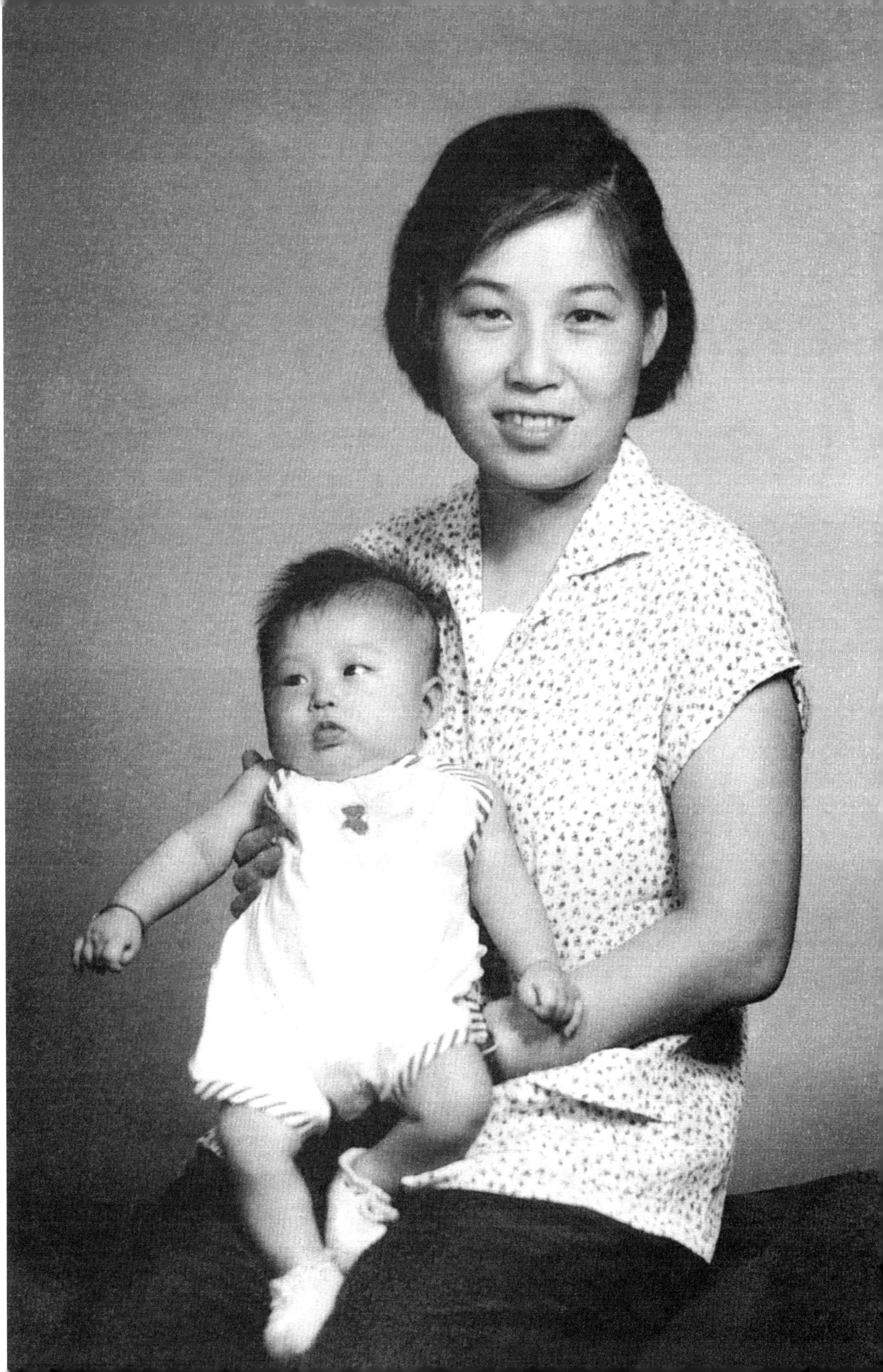

1960 年生下可爱的女儿喻慧

20世纪70年代喻继高一家在玄武湖合影

孩子太小又在哺乳期，她每天都要骑自行车上下班，来回四次，至少跑二十多公里。最后喻继高向医生提出疑问：“在她这个年龄，会不会因为产后营养不良、身体虚弱、劳动强度大而引发脑膜炎呢？”

经过喻继高的一再坚持，医生不敢马虎，只好重新诊治。经过抽骨髓化验，最后确诊屠美如患的是脑膜炎，急需马上住院。当时工人医院床位已满，屠美如只能去其他医院救治。事不宜迟，屠美如很快被救护车送到了夫子庙南京市中医院传染科。但是，当喻继高把爱人在工人医院化验的结果交给医生时，这家医生却坚持要自己的医院重新抽样化验。

昏迷中的屠美如又一次被抽骨髓，经化验后，喻继高接到了医院下达的病危通知书。看着通知书上写的字：“病危，请家属安排相关后事。”喻继高两腿发软，一阵痛楚涌上心头，止不住泪如雨下。悲痛之中，医生吩咐他赶紧回去看看孩子，说小孩最容易传染这种疾病，非常危险。喻继高又急忙跑回家中，所幸喻慧姐弟俩安然无恙，他又立即赶回医院，守在昏迷不醒的爱妻病床前。

喻继高打来一盆热水，轻轻地为妻子洗脸洗脚，多么盼望她能睁开双眼露出甜甜的笑脸；他紧紧地握着妻子的手，一遍又一遍地诉说着他们的爱情宣言：“我们不是说好‘永不分离’的吗？你千万不能走，我离不开你啊！老天保佑你，快快醒来吧，我和孩子都盼着你早点醒过来呢！”凄然真情，令人动容。

恍如隔世，整整昏迷了十个小时的屠美如终于醒了过来。得知是丈夫的坚持才使自己起死回生，得知自己昏迷期间丈夫的那份痴情，她情不自禁地与喻继高相拥而泣。

第二次重病是在五年之后，因为生活艰辛、工作繁忙，一向不把身体当回事的屠美如发现自己的脖子肿了。到医院一检查，诊断是甲状腺肿瘤，老天再一次把她推到了生命的风口浪尖。所幸的是，她遇到了一位医述高明的陈医师，妙手回春，使她有惊无险地又一次与死神擦肩而过。

两次重病的磨难，死里逃生，屠美如真正意识到了生命的可贵，活着真好，更为刻骨铭心的感动是她充分享受到了丈夫真诚的爱。常言说得好，“大难不死，必有后福”，在屠美如的人生经历中得到验证。屠美如迎来了生命的第二个春天，也迎来了她事业的高峰、丈夫事业的蒸蒸日上、儿女们的顺心如意。

在以后她与喻继高情深意笃的日子里，被喻继高戏称为“阳台教授”的屠美如，就在阳台那张书桌上先后主编完成了幼儿园美术教材、全国幼师培训教材、高师学

20 世纪 60 年代末喻继高一家与母亲合影

前儿童美术教育教学参考用书《学前儿童美术教育》的编写工作。在学校里，她担任了省级重点学科的带头人，先后为国家培养了十一位博士生、两位博士后；在儿童教育基本理论，包括美育、课程、道德和社会性教育方面均有突破性进展，填补了我国学前教育领域研究的某些空白，是我国第一位学前教育学科的博士生导师，为学前教育事业的拓展做出了重要贡献。为了表彰她的成就，2005 年 12 月 23 日，南京师范大学在 100 号楼隆重举办了“屠美如教授从教 50 周年纪念活动”，到场的专家学者、权威人士都对屠美如在教育领域取得的成就和做出的贡献给予了高度评价。

她的一双儿女在他们爱的阳光雨露下，健康、快乐、茁壮地成长，不仅事业有成，还给他们带来了无限的欢乐。尤其是女儿喻慧，经过了部队熔炉的冶炼，又得到了省国画院学习班深造的机会，终于走上了“女承父业”之路。其独特的绘画风格追求以及在工笔画领域的创造，已受到画界、评论界和收藏界的广泛关注，前途不可限量。在 2008 年 7 月 1 日举行的屠美如和喻继高的金婚庆典上，已是国家一级美术师的女儿喻慧，时任江苏省花鸟研究所所长，对着父母动情地说了一段话，可以说是对这个充满爱的家庭最好的诠释。她说："父亲就像一座山，是我们全家的依靠，他也很辛苦，谢谢爸爸！我妈就像一条船，载着大家，让全家人健健康康、快快乐乐。我看到我父母身体健康，就是我做儿女最大的福气。"女儿为有这样的父亲、母亲而自豪，父母为有这样的儿女而骄傲。这就是屠美如大难后的大福大贵，风雨过后所见的灿烂彩虹。

至于丈夫的事业，如何承前启后、继往开来，如何一步步地走向辉煌，将是我在下面的章节里所要陈述的内容。

事业初成

1955 年，23 岁的喻继高以优异的成绩毕业于南京师范大学美术系，分配到江苏省美术工作室从事创作活动。工作不久，国家实行美术干部专业化制度，画家以稿酬谋生不再另发工资，喻继高所在的美术工作室被撤销，他与张文俊一起被调入江苏省文化局艺术科工作。

1956年4月，毛泽东主席提出了"百花齐放，百家争鸣"的文艺方针，民族传统绘画的地位则大大提高了，中国画由此再次跃到正统的权威宝座。6 月，周恩来总理在政协第二届委员会上提出了在北京和上海创建中国画院的建议。根据这一精神，上海画院于 1956 年 12 月先行成立。1957 年 5 月，北京画院正式挂牌。上海画院成立伊始，拟请傅抱石去上海画院担任副院长；与此同时，中央工艺美院也致函江苏省委，商调陈之佛北上任该院副院长。为留住人才，

喻继高与女儿喻慧

童年的喻慧、喻勤留影

与女儿喻慧儿子喻勤合影

1976 年喻慧参军了，在总参三部，喻勤也长大了，一家四口非常幸福

发展江苏的国画事业，江苏省委决定筹办江苏省国画院。喻继高奉命协助时任文化局艺术科副科长的张文俊一起，参与江苏省国画院的筹建工作。从 1956 年开始筹建到 1960 年江苏国画院成立的四年中间，喻继高协助张文俊起草的关于国画院的重要文件，便有数十份之多。根据省委意见，江苏也于 1957 年 2 月成立了江苏省国画院筹备委员会。委员会由吕凤子、胡小石、陈之佛、傅抱石、亚明五人组成，吕凤子任主任。

在筹备委员会的领导下，喻继高做了大量的具体工作。他曾去全省各地摸底排队，掌握画家的第一手资料；他曾以组织名义去无锡请钱松喦“出山”；他曾根据筹委会的意见，草拟国画院的性质、任务、编制及组织办法。为了推动江苏省国画院的尽快建立，喻继高付出了艰辛的努力。

同年 6 月，筹委会正式聘请了首批画师、副画师及助理画师，他们是吕凤子、陈之佛、傅抱石、亚明、鲍娄先（扬州）、钱松喦（无锡）、何其愚（扬州）、余彤甫（苏州）、陈旧村（苏州）、郑秉珊（南京）、王琴舫（徐州）、顾伯逵（扬州）、丁士青（镇江）、费新我（苏州）、龚铁梅（常州）、张晋（苏州）、魏紫熙（南京）、宋文治（南京）、张文俊、叶矩吾（南京）等，集中了省内各地市的绘画精英，

喻继高和爱女喻慧比赛后多开心啊

济济一堂，实力雄厚。1960年3月，江苏国画院正式成立。令人遗憾的是，作为筹委会主任的吕凤子，先此三个月离世了，院长由傅抱石先生担任，亚明、陈之佛、钱松嵒任副院长。

在此期间，繁忙的公务，并没有使喻继高忘却自己的志向和专业，工作之余，他总是抓紧时间致力于他的工笔花鸟画的研究和创作。1956年，他创作了处女作《夭桃弄春色》入选了江苏省美术作品展，荣获三等奖；随后，他又创作了《牡丹蛱蝶》图在全国青年美展中获二等奖，在北京展出后，又选送缅甸、巴基斯坦等国展出。初战连连告捷，大大地激励了喻继高的创作热情。

1958年，他接受了为首都钓鱼台国宾馆绘制《牡丹群鸽图》的任务。这是一幅丈二的大画，也是喻继高第一次画这样大的工笔花鸟画。牡丹为玉堂富贵之花，是传统题材，为古今名家喜爱表现的内容；白鸽是天下和平之鸟，历代表现它的作品并不多见，而群鸽的表现更为罕见。好在恩师陈之佛先生多有表现白鸽的作品，如《荔枝白鸽》(1946)、《和平之春》(1953)、《花石双鸽》(1954)、《榴花四鸽》(1954)等，无论是造型还是技法都为喻继高提供了参照。不仅于此，喻继高又从生活中获取牡丹、白鸽的花姿鸟态，经过反复的构思、构图，精心绘制，一幅借白鸽、牡丹的吉祥寓意，象征祖国和平富贵的工笔花鸟大画陈列在北京国宾馆的重要之处。那形象生动的群鸽、聚散有致的章法布局、瑰丽高雅的色彩所散发的富贵之气，使这张画一举获得成功。可以说，这张大画是对喻继高多年来专注于工笔花鸟画研习的一次演练、一次考验，也是一次实践性的总结。他以他的作品表明，他不愧是陈之佛的得意学生，蹈其神，形其迹，师其手，也夺其心。

在此期间，喻继高的恩师傅抱石和陈之佛两位先生始终对他关爱有加，不仅鼓励他深研技艺，积极上进，并为他创造了许多崭露头角的机会。令喻继高印象最深的一次，是在1959年春季一天，他正在国画院创作《牡丹孔雀》图，突然接到傅先生的电话，说省政协会议中间休息，文艺界一些老先生想吟诗作画，要他立刻赶过来研墨铺纸做好准备工作。

喻继高立即放下画笔，匆匆赶往政协礼堂。休息室里，省委领导和文艺界的名流傅抱石、陈之佛、胡小石、蒋仁等人正谈笑风生地闲聊着。见喻继高进来，傅抱石兴奋地叫起来：“继高，赶快研墨铺纸！”等喻继高摆好笔墨纸砚，傅抱石站起身来说道：“大家一起来过过画瘾吧，请陈老开笔！”陈之佛笑着走近画案，捻着长须，提笔轻轻蘸墨，沉静片刻，即在四尺整纸的右下角落墨运笔，一株淡雅的蜡梅刹那间呈现在人们眼前。“陈老画得好，真是‘挥毫落纸墨痕新，几点梅花最可人’。谁接着画？”有人用李方膺诗句在一旁赞道。

“继高，你来！”傅抱石先生猛然冒出一句。

“我？”喻继高以为自己听错了，抬头望了望老师，好像在说，眼前可都是名家高手，我是学生辈怎敢班门弄斧。从未遇到过这种场合的喻继高不免有些紧张和胆怯，额头上不知不觉沁出了汗珠。就在这时，傅先生满怀希望地望着他，目光中充满信任和鼓励：“继高，你画吧！”傅抱石再一次地催促，有人笑着说：“师生联袂唱戏，是考学生也考老师呀！”陈之佛悄悄地在一旁出主意道：“继高，别紧张，你就画一株山茶吧！”

喻继高调整一下情绪，定了定神，略作沉思，即用笔饱蘸洋红，在蜡梅下边画一枝娇艳欲滴的茶花，与蜡梅交相辉映，恰到好处。等他抬起头来，看到两位老师脸上露出的笑容，才长长吁了一口气，悬着的心慢慢地放了下来。众人正在考虑下面由谁落笔，只见傅抱石先生左手拎着纸的一角，轻轻抖动一下，右手挥斗笔冲向宣纸，唰唰数笔，一组浓淡相间的石笋昂然挺立在画幅中，把整个构图撑起，画面顿时丰满起来。蒋仁从抱石

1955 年 7 月喻继高大学毕业，师生一起合影留念。后排自左至右：张道一、蒋荪生、宋征殷、傅抱石、陈之佛、陆地、杨建侯、金立德、何碧人、伍霖生。前排自左至右：蒋盛伦、吴云发、朱同、陈永仁、周万福、喻继高、方和升、张学铭

琼花聚仙 1992年 纸本 直径46cm

先生手中接过画笔，边说边画：“我来画几只八哥凑个热闹。”最后，由南京大学一级教授、著名书法家胡小石题诗落款，一幅笔简意赅的《迎春图》就这样在众名家联手打造下完成了。

这幅画装裱以后，一直悬挂在政协礼堂里，受到各界人士的观赏与称赞。每次看到这幅画，喻继高就会想到当时自己的窘态，从而对老师们的鼓励和关爱倍加感激。

木棉双栖 1992年 纸本 直径46cm

师生同画《迎春图》不久，喻继高再次获得与老师合作的机会。

就在这年夏天，有关部门邀请陈之佛先生为人民大会堂江苏厅创作一幅工笔花鸟大画《松龄鹤寿图》，先生第一个就想到了让喻继高作为自己的助手。南京的夏天像个大火炉，特别热，喻继高不负师命，挥汗如雨地从古往今来的许多画鹤名作中搜集、选择、整理鹤的形象，并加以变化、巧构，总共绘制了25只不同姿态、

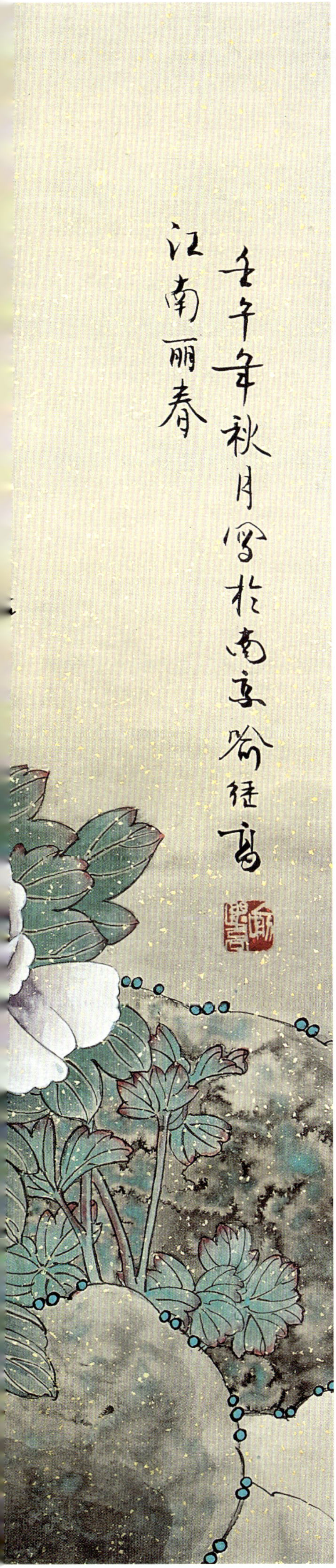

江南丽春 2002年 纸本 69cm×70cm

牡丹

喻继高

牡丹花中王，家乡在洛阳。
年年艳阳天，满城车马喧。
争相赏美容，日暮不忍还。

神情各异的仙鹤组成画面摆在陈之佛先生的面前，让老师定夺。先生赞不绝口，便择取了 8 只仙鹤作为定稿送往北京。不久，北京人民大会堂传来通知，要求在原来 8 只仙鹤的基础上增加 2 只，用鹤的数量来象征中华人民共和国成立十周年华诞的寓意。

《松龄鹤寿图》完成时，先生提出与喻继高共同署名，但喻继高则以自己仅仅起到助手作用为由而婉言谢绝。此作原件现藏于南京博物馆，而由苏绣艺术家复制成双面彩绣，作为屏风置放在人民大会堂的江苏厅里。随后，江苏省委宣传部的领导找喻继高谈话，要他一心一意地跟着陈之佛先生好好学习工笔画，把先生的精湛技艺继承下来，传承下去。以组织的名义下达的任务，这就更加坚定了喻继高专注于工笔花鸟画的决心，到陈之佛先生的家跑得更勤了。喻继高还常常送去戏票、电影票，对老师尽一份孝心，当然，他也会常常被留在那间古朴高雅的会客厅里吃顿便饭，尝一尝师母最爱吃的蒸咸鱼。

这段时间，作为陈之佛先生晚年唯一的入室弟子，他们之间的关系和情感似乎又深了一层。老师把装在箱子里的画从床底下拖出来，一张一张地给喻继高观摩并详加解释，精心传艺传道，同时喻继高还大量借阅陈老原作进行临摹，在实践中感受先生用笔用色之真传。

先生的画风自从在1956年光荣加入中国共产党后，已由冷峻隐逸向明朗热烈转变，基本上吸取了宋元双勾填彩法，即注重用细笔勾出花与鸟的白描画稿，然后填色。他用色一般较薄，很少“三矾九染”。在着重色时，如蛤粉、朱砂、石绿、石青的设色，绝不压线，从而做到“色不碍墨”。画朱砂的碧桃、山茶有时用平涂法，则要空出线条来，分染较重的花叶时，也多用这种方法。他说，如果着色之后，原有的线条被重色覆盖或模糊不清，再勒一遍既费事也易死板。

陈老在勾线时，握笔轻松灵活，有时意到笔不到，更感含蓄而不显刻板。他以《荷塘双鹭》（1952）一画为例向喻继高说明勾法就是如此，并指出双鹭的羽毛也不是一片一片画出，而是似有若无以求生动自然。在画树干时，吸收了没骨冲水画法，先用淡赭墨分别画出枝干，然后用重一些墨画出细枝和节疤，再用淡石绿水点上去，画出水纹，起到一种特殊的肌理效果。他拿出《梅树白鹰》（1949）、《樱花双栖》（1958）为例说明采用这种方法的效果极佳。

先生还告之喻继高，所谓工笔并不是刻意求细，有时用笔要放松。他指出，一幅画的主体部分要精心描绘，次要部分可以粗一些，但要注意把握整体效果。如果一幅画处处着力，平均对待，看起来一丝不苟，恰恰失去了整体大局。

他警醒喻继高一定要严于律己，每幅画创作要精心审度，几易其稿，不厌修改，以求尽可能完美。画稿既定，则要心平气和，一遍画就，轻重浓淡、用笔用色都要恰到好处，这是需要高超的艺术修养与笔墨技巧才能达到的。有一次，喻继高看先生正在为英国博物馆画《白梅双绶图》，为了一个梅枝穿插得自然生动，花去了整整半天时间。可第二天再去看时，陈老又作了大的修改，可见老师惨淡经营的精益求精的精神。

陈老反复强调一幅优秀的工笔花鸟画形式感的重要，而要达到花鸟画的形式美，主要在构图和设色两个方面。先生在构图时，非常注重研究整体与部分的关系、主要部分与次要部分的关系，并强调必须考虑宾主有别、大小相称、有虚有实、或隐或显、或偃或仰等构图变化规律，否则就没有重心点，缺乏统一性。他要求喻继高在渐修顿悟中掌握好对比、调和、节奏、均衡、呼应等形式美的法则，做到疏密相宜、位置得体，多不嫌满、少不嫌空，疏处疏、密处密，整中乱、乱中整，要乱中见整、个中见全，要平中求奇、熟中求生，增之不得，减之不能，故画成后才能神完气足，无一笔不生动自然，无一处不见功力。

先生对用色极为讲究。他告诉喻继高，在构思时就要把色彩考虑在内，花鸟画

牡丹锦鸡

2018 年　纸本

138cm × 71cm

鹤鸣九皋　声闻于天　2016 年　纸本　183cm×503cm

必借色而彰显魅力，这不仅要掌握设色的技巧，而且更应了解配色的方法。陈老的经验之谈是，一幅画的对比色不能用得过多，多了易杂乱无章，调和中有对比容易讨巧。他的画多用染色的熟宣，有时也用熟绢，其色有米黄、仿古、米灰、淡灰、淡紫等，这样既可以起到托粉的作用，又使画面产生统一色调，既省力又显得古朴大方。所以先生的画雍容典雅、艳而不俗、华而不浮、重而不浊、鲜明爽朗、清新自然，与他对色彩学有高深的研究相关，也与他追求清淡平和、明净高洁的美学思

想相连。

喻继高说，在陈老面前，似有接受不完的教益与享受。

天有不测风云，就在喻继高盼望得到老师更多的教诲时，1962 年 12 月的一天，忽然传来了一个不幸的消息，陈老因突发脑出血住进了医院，且处于病危状态。当喻继高匆匆赶到陈老就诊的铁道医院的病房时，先生已不能言语了。望着自己敬爱的老师即将离开人世，想到先生十年来对自己的教诲和栽培，喻继高忍不住失声痛哭。

一个星期后，陈之佛先生被安葬于菊花台的望江矶，陪葬品是他生前用过的笔、墨、纸、砚。伫立在老师的墓碑前，喻继高从心底里向老师保证："老师，您放心地去吧！您未竟的事业我会尽力去完成，您创新的工笔画艺术不会随您而去，一定能成为令国人骄傲的艺术瑰宝。"

"文化大革命"期间，红卫兵造反派找到喻继高，说："你是陈之佛得意的学生，反戈一击有功，你必须和我们一起去砸陈之佛的墓！"喻继高气愤地呵斥："你们就是砸烂我的头，我也不会去干这种丧尽天良的事！""真是陈之佛的孝子贤孙！"造反派丢下一句话扬长而去。陈老的墓最终还是被砸了。事后，还是当地几个心地善良的农民把先生的遗骸收集起来，又重新安葬、砌墓、立碑。

在与陈之佛先生合作了《松龄鹤寿图》之后，喻继高又与南京师范学院教授杨建侯先生合作绘制了同样大小的工笔花鸟《孔雀图》，陈列于南京东郊国宾馆内。

经过了《牡丹群鸽图》《松龄鹤寿图》《孔雀图》三幅工笔花鸟大画的创作实践，喻继高已有足够的底气使工笔画语言在驾驭巨制中得到更为随心所欲的释放，他的工笔花鸟已不再局限于传统的折枝或盆供，也不再满足于小情小趣的宋人花鸟小品，他萌生了"大国画观念"，开启了以巨幅工笔花鸟画表现时代春光的创造之路。这不仅仅是完成了一次对传统的超越，同样也是对自己的超越，也昭示着他未来的辉煌。

鉴于喻继高本人的业务能力、组织才干以及为江苏省国画院筹建所作的贡献，喻继高在国画院正式成立的前夕，被聘为助理画师，也是当时年龄最小的画师。

时任院长的傅抱石，走马上任所抓的头等大事，就是开办了首届学员培训班。学员都是经过挑选的来自全省各地的有为青年，由老画家授课，目的在培养后起之秀，让他们在新老接替中传承有序。1960 年，江苏国画院首届培训班正式开学，喻继高被指定为这个班的辅导员。他尽力地做好服务和辅导工作，得到了大家一致的好评。

1961 年冬季的一天，喻继高有幸见到了敬爱的陈毅同志。这天，他正在辅导学员创作，陈毅副总理陪同西哈努克亲王到"总统府"西花园参观，被住在煦园里的学员们看到了，大家使劲鼓掌，热烈欢迎这位在大家心目中享有崇高威望的领袖。

陈毅副总理穿着大衣，戴着皮帽子，身材魁梧，气宇轩昂，炯炯有神的双眼光彩照人。听到掌声，他健步地向国画院门前走来，操着浓重的四川口音亲切地

清秋 2000年 纸本 92cm×51cm

1962 年，江苏省国画院学习班结业留念，傅抱石与画院学员合影。二排左起第七人为傅抱石；第八人为钱松嵒；第四人为林散之；三排右起第四人为喻继高

向大家问好。听说大家都是省国画院的学员，而傅抱石就是画院的院长，陈毅同志对着喻继高问道："你们画院有多少学员啊？"喻继高回答："有 30 多人。"陈毅同志意味深长地说："这很好嘛！中国画应该得到传承和发展。做任何学问都要老老实实地先搞基础训练，画国画也一样，讨便宜走捷径是不能成大器的，不依规矩不能成方圆嘛。你们 30 人里面将来能出一个名家就不错了，像齐白石那样很不容易啊！"陈老总的话虽然是针对学员们泛泛而谈，喻继高觉得仿佛是专门对自己讲的。绘画者无以计数，成功者寥若晨星，任何学科无不如此，要想有所成就，只有比常人付出更多的艰辛、更多的心血，成功总是属于那些有理想、有志气，能坚持不懈、勇于攀登的人。50 多年过去了，陈老总那句"像齐白石那样很不容易啊"的话一直萦绕在他的脑际，是鼓舞他前进的动力。

时光荏苒，作为培训班辅导员的喻继高和学员们在不知不觉中很快度过了三个

创作中的喻继高

寒暑。1963 年农历五月初五，即传统端午节那天上午，喻继高早早就来到“总统府”西花园的桐荫馆。今天国画院首届培训班就要结业了，傅抱石先生要在这里举行茶话会，给大家送行。不一会儿，傅先生和授课的老师及学员们都陆续到齐，桐荫馆顿时热闹起来。

窗外下着倾盆大雨，室内笑语连珠不断，喻继高与大家一起畅谈三年多来培训生活的感想和收获。你一言我一语，众口一词，归纳起来大致在以下三个方面：一是对国画院成立的赞扬，认为这一举措功德无量。它集中了省内的绘画精英，使一批画家有了施展才华的用武之地，无疑推动了江苏美术事业的发展，值得庆贺；二是为开办第一期国画培训班叫好，使全省有为青年集中时间研习中国画的理论技法，得到培养和提高，使江苏的中国画坛薪火相传、后继有人，其意义深远；三是国画院又组织了一次举世瞩目的大活动，实现了中国山水画的一次大变革，那就是以“江苏国画工作团”的名义，率领省内一批知名画家，开始了二万三千里的旅行写生，创作了一批面目一新的佳作，于 1961 年 5 月上旬在中国美术馆举办了“山河新貌”画展，在首都北京乃至全国的画界引起强烈的反响。归根结底，大家一致认为江苏国画院的所作所为是傅抱石院长主持画院和美协工作的结果，是傅抱石的气魄、胆识、人格以及他艺术影响力的作用。傅抱石不愧是一个集领导与画家于一身的天才，是中国画坛少有的魅力四射的人物，他为整个江苏美术事业带来了福音。

这时有位学员提议道：“明天我们大家就要各奔东西了，难得有今天这样相聚的机会。在画院学习的三年来，我们从未看见傅院长作画，我建议今天就请傅院长开笔，画它一幅，让我们饱饱眼福。”这一提议立即得到大家的响应，喻继高也与学员们一起叫起好来，并报以热烈的掌声，大家的眼睛齐刷刷地望着傅抱石。

傅先生没有拒绝，而是略带歉意地说：“平时由于工作忙，我对大家关心不够，请大家谅解。今天这个建议，我完全接受。”说着便叫人铺纸砚墨。

一听傅院长要当众作画，黄养辉、叶矩吾、张文俊、宋文治等画师也纷纷围了过来，三四十人把傅抱石团团围住，留下仅容一个人的空间给他。

傅抱石猛吸几口香烟，随手习惯性地端起茶杯猛喝一大口。喻继高这才意识到是自己的疏忽，没有为傅先生备酒。傅先生看了看喻继高，好像在说今天只能以茶代酒了，兴致依然未减。只见傅抱石对着四尺宣纸稍稍思考片刻，将饱蘸浓墨和水的大笔，猛地在纸的中间偏下方的地方画了大小不等形状各异的几团墨块，又在墨块上重复地涂抹，造成墨色深浅层次的变化；然后换笔，用淡墨泼写了中部的山岩，

和平新春
2005年　纸本
112cm × 52cm

莲塘憩鹤 1984 年　纸本　143cm × 246cm

甲子年春三月畫於金陵之青雲嶺上 喻繼高

双喜沐春 2004 年 纸本 70cm × 69cm

并渐渐虚远过去，让左上角和中右部空出了水口。待墨稍干，他用散锋乱毫皴出石和树的结构，绘出中下部呈三角形块面的水势。

整体效果在傅先生一气呵成之下出来了。趁着傅先生一旁稍事休息抽口烟的当口儿，喻继高走近画前，细细观看画的整体效果，琢磨画中用笔用墨之精妙，心中暗自佩服，真是大手笔、大气魄、大境界的大家风范。傅抱石抬头看见省文联主席夏阳也在观赏者之中，便打着招呼道："今天之雅集，不可有画无诗，请你即席赋诗一首，以助画兴，如何？"夏阳笑着答应了。

等那幅墨色淋漓的画幅干了，傅抱石又进一步地深入加工。他用笔连勾带皴仔细照应了画面黑白的处理和效果，积染了水中的块石和山岩，提醒了浓荫的树丛和远中近三处的瀑布和流泉，最后用小笔精心勾勒了一个站在茅亭中手扶栏杆的老者，其倾听状活灵活现跃然纸上。至此，一幅出神入化的《听泉图》就此告成。众人无不拍案叫绝，击节叹赏。

喻继高一边听夏阳主席念诗，一边见傅抱石拿起一支中楷狼毫，在画的左上角题写长跋，款中题道："癸卯端午大雨，得画院诸生集桐荫馆商量画学，藉当赠之。盖诸生受业已三年，将分赴各处工作也。协会、美术馆及画院同志，亦承惠然莅此，在风雨声中济济一堂，情绪至为热烈，于是乘兴挥毫，作听泉之景，以冀就正有道，将半忽见夏阳、博然两位驻足人群之中，予以夏阳夙擅文辞，乃清惠一章，藉光笔墨，迨图将成而诗亦就矣。诗云：底事人群挤满堂，非关风雨闹端阳；桐荫馆里茶当酒，不读文章读画章。予素嗜酒，作画时万不可阙，是日独以茶代酒，夏阳此制乃记实也。"

喻继高知道老师画画需嗜酒习惯已有20多年的历史，在桐荫馆作画是当初没有想到的，故没有备酒，喻继高自责不已。《听泉图》是傅老在以茶代酒中泼墨挥洒而成，而一改往日习惯照样兴奋画出难得的精品，可见老师对画院诸生的厚爱。数十年之后，喻继高回忆当时傅先生的愉悦心情仍然记忆犹新，仿佛事情就发生在眼前。

令人意想不到的是，正当傅先生以远见卓识、博大胸怀、踌躇满志，正准备大展宏图之时，死神突然降临，夺去了他年龄不算太大的生命。

那是1965年5月，老师接受了去上海为虹桥国际机场作画的任务。由于任务繁重，过度疲劳，再加饮酒过量，又乘坐飞机，老师深感身体不适。9月28日我们知道老师回来，大家都急着去看他。众人见老师脸部涨红，人也显得疲乏，劝他好好休息。老师还十分关心画院的事，问这问那，久久不愿大家离去。

次日上午，喻继高正在画院上班，电话里传来了惊人的消息，说傅先生病危。喻继高急忙从西花园赶到汉口路傅家寓所，殡仪馆的车子已经停在门口，人们正在从楼上把傅先生抬下来。眼望着灵车渐渐远去，喻继高久久地呆立着，眼里噙满泪水，心痛得厉害。

不几天，在中山南路殡仪馆举行了追悼会，省里各级领导、各部门及文艺界广大群众，隆重地悼念老师，华君武同志代表中国美协专程前来治丧。火化时，喻继高同傅先生长子傅小石、次子傅二石抬着老师的遗体，最后送老师到另一个世界。老师的骨灰安葬在城南菊花台望江矶朝南的山坡上，松柏环抱，修竹丛生，一个伟大的心灵永远安息在这里。

在这一段时间里，喻继高相继失去了两位恩师，他的情绪十分低落。他深深地怀念两位给他艺术生命的恩师，深深地为中国失去了两位伟大的艺术家而痛惜。但在接下来的日子里，他也为两位恩师的仙逝，躲过了“文化大革命”的浩劫而庆幸。

“文化大革命”风云

1979 年出版的《辞海》对于“文化大革命”的条目是这样写的：“1966 年毛泽东鉴于苏联蜕变为修正主义的历史教训，为了反对和防止修正主义而发动的政治运动。但运动一开始就遭到林彪、‘四人帮’等阴谋家、野心家的严重干扰和破坏。1976 年 10 月以粉碎‘四人帮’为标志宣告结束，历时十一年。”1981 年《中国共产党中央委员会关于建国以来党的若干历史问题的决议》中便明确地指出：“实践证明，‘文化大革命’不是也不可能是任何意义上的革命或社会进步。”“历史判明，‘文化大革命’是一场由领导者错误发动，被反革命集团利用，给党、国家和各族人民带来严重灾难的内乱。”

不堪回首的十年内乱，几乎在所有身历其境的人看来这就是一个该批判的历史时期。但对于喻继高来说，在此期间发生在他身上的故事，也并非没有一点值得追忆的东西。至少有两件事值得我在这里大书特书的。一件是抢救傅抱石先生的墨宝，一件是他的《荷香鸭肥》作品的诞生。

先说一说“抢救墨宝”的原委。

1966 年“文化大革命”开始的一天，喻继高正在抄写大字报，忽然接到傅师母罗世慧的电话，说有一群红卫兵来她家抄家，把傅老的字画、图册、纸墨统统扔到院子里，扬言要一把火当场销毁这些“大毒草”。

情急之下，时任江苏省国画院党支部副书记的喻继高来不及多想，立即放下电话，叫上十几个人，匆匆赶到汉口路 132 号傅老的寓所。面对红卫兵来势汹汹即将把傅老的画付之一炬的架势，喻继高没有硬顶，而是机智策略地指着这些国宝，对领头的红卫兵小将说：“这些东西都是开展大批判的罪证，如果就这么轻易地烧掉了，

锦鸡牡丹 1963年 纸本 90cm×56cm

我们画院革命群众再开展批判不是没有罪证了吗？另外，北京方面已与我们联系，也要来人寻找这些罪证，如果你们把它烧了，我们如何交代？你们担待得起吗？”看着画院这边人多势众，也摸不清来路，这群红卫兵骂骂咧咧地走了。傅老的这些国宝终于逃过了一劫。

事后，喻继高仍然不放心，万一这些红卫兵再回来怎么办？其他红卫兵再来抄家怎么办？于是，他叫来十几辆三轮车，将堆在院子里的字画、图册、纸墨全部拉到位于长江路的“总统府”西花园的江苏省国画院的仓库，并请工人师傅用砖把门窗封死了，以防不测。

果然不出喻继高所料，没过几天，傅老的132号寓所再次遭到红卫兵的冲击，连傅师母及其子女也统统被赶出家门，假如不把傅老的那些宝物转移出去，后果真是不堪设想。喻继高心里暗暗松了一口气，为之庆幸。

然而，随着“文化大革命”形势的迅猛发展，造反派纷纷成立了组织，相互之间的斗争也越来越激烈，光是“总统府”大院便进驻了40多个所谓“造反派司令部”。不知什么时候，画院密封的仓库门被砸开，里面字画、图册被翻得乱七八糟。造反派中有的人还拿着傅老画的扇子在大院里扇风纳凉，有的人竟把珍贵的宣纸、笔墨用来抄写大字报。喻继高看在眼里，急在心里，经过和大家商量，决定把仓库里重要的物品，包括傅老的字画，悄悄转移到同在长江路上的江苏美术馆。

江苏美术馆与“总统府”相距200米，直觉告诉喻继高，那儿似乎也不太安全。正在这时，喻继高发现在搬运队伍中间有傅老的长子傅小石，正把傅老的一板车作品往美术馆拉，便迅速地走过去，悄悄叮嘱他趁人不备，赶快把作品拉回家藏起来。听了喻继高的话，傅小石有些犹豫，因为当时他也是被专政对象，行动上受管制，他担心将来万一追查起来受牵连。望着傅小石复杂的神情，喻继高坚定地说：“你不要再犹豫了，赶快把东西拉回家藏好，将来如果有什么责任，由我一人承担。”

不久以后发生的事情证明当时喻继高的判断是非常正确的，拉到美术馆里的字画遭受空前劫难：有人爬到美术馆楼后的平房把瓦掀掉，钻到里面去偷东西，偷盗之后又没有把瓦盖上，偏偏遇上阴雨天，雨水顺着被掀开的窟窿哗哗地往里淋，许多字画被雨水淋泡得一塌糊涂。幸亏傅老的画作已经被转移到傅小石家，而傅小石家住在鼓楼后面一条闭塞的小巷里，一直未被外人所知。傅老的作品再次逃过一劫。

但没过多久，厄运从天而降，在“五七”干校劳动的傅小石又蒙冤以“叛国罪”锒铛入狱。“五七”干校专案组带人查抄了傅小石的寓所，查出存折15张，内存人民币2320元，现金1570元，金戒指一只，粮票400余斤，从“总统府”拉回家中的两只装满傅抱石遗作的箱子也被专案组搜到。因怀疑这是傅小石准备叛逃所带的物品，遂写下收条，将以上的东西当做罪证全部抄走。

当时，喻继高已调到江苏省出版局工作，得知这一情况后，便约请魏紫熙、周健玉乘吉普车赶到位于镇江桥头镇的“五七”干校交涉，要求干校将傅老的遗作归还画院。此时为1970年，正值干校面临撤销期间，人员、资料都很混乱，所幸傅老作品还在，便一幅幅清点、编号、造册。最后的清单一式三份，干校留一份，喻继高留一份，另外一份交给组织存档。至此，傅老的遗作历经三次劫难，尚存429幅，其中包括《待细把江山图画》《西陵峡》《太白行吟图》《屈原》《平沙落雁》《镜泊飞泉》等堪称傅先生一生的经典之作。

从干校取回傅老的墨宝后，即由喻继高亲自保管。最初，他将这些珍宝存放在办公室，后来不放心，便在半个月后将其取回家藏在床下，却没有对家里任何人说起过。过了几个月，喻继高又觉得放在家里也不安全，怕被偷，怕鼠咬，担心受潮受损，三思之后，喻继高又把这些珍宝锁到了省出版局阁楼的仓库里。如此提心吊胆

白鸽牡丹 2016年 纸本 109cm×40cm

南国芳春 2018 年 纸本 164cm×346cm

地一直保管到“文化大革命”结束，傅抱石先生得以平反昭雪之后，喻继高征得了师母的意见，将这些墨宝暂交南京博物院保管。于是，由傅小石同学——在南京博物院工作的著名书画鉴定专家萧平接手，清点了这批傅老的遗作：卷轴 32 幅，镜片 94 幅，托裱 245 幅，未裱画 14 幅，扇面 44 幅，其中也有许多未完成稿。好事多磨，傅先生的遗作终于得到妥善的安排，喻继高悬着的那颗心终于放了下来。

时过多日，师母罗时慧专门请喻继高到家里吃饭，亲自为他盛了一碗装有两只煮蛋的鸡汤，深情地说：“抱石一生教过许多学生，你可以说是他最得意的门生。

他一生的心血多亏你保存了下来，我替抱石和全家人感谢你。”喻继高一脸真诚地说：“保护老师的墨宝，是我们当学生应该做的事。要说谢字，首先应该是我要感谢老师的栽培。”

在今天看来，喻继高这一举动似乎不是什么难事，然而，在那个“同室操戈、手足相残”的年代，没有一身正气，没有无所畏惧的精神是不敢去做这件事的，弄不好就要受牵连，被关进牛棚，戴上“牛鬼蛇神”孝子贤孙的帽子而失去自由。未经过“文化大革命”的人，是很难想象喻继高这一行动是需要多大的勇气和胆量，是需要承担多大的政治风险。以至于几十年后，在喻继高和屠美如的金婚庆典上，傅抱石的次子傅二石当众再次向喻继高表达谢意，并告之大家，现在出版的傅抱石的各类画集中的作品，绝大多数都是喻继高抢救下来的。倘若这些作品当年被付之一炬，没有了作品佐证，傅老何以有今天的地位和声誉。

感到自豪与庆幸的是，喻继高看到了老师绘画成就的高扬和画史一流地位的界定，看到了他的作品越来越受到国内外收藏界的关注。如1984年2月，傅抱石先生的《唐人诗意图卷》在香港苏富比艺术拍卖公司以160万港元落槌；1989年1月，他的《九张机图册》以310万港元卖出；最为轰动的是他的代表作《丽人行》以1078万元人民币成交，创下了中国画单幅作品最高的拍卖价格。如今，他作品的拍卖价格节节攀升，单幅价格最高已超过4000万元人民币。而喻继高在“文化大革命”浩劫中保存下来的429幅墨宝安然无恙地收藏在南京博物院和师母家中，可见喻继高抢救傅老墨宝这一壮举的现实意义和价值。这些经过喻继高的手直接藏匿下来的作品，竟然不少只字片纸，苍天可鉴喻继高一颗金子般的心地。

在“文化大革命”这个特殊的历史阶段，值得格外一提的是喻继高创作的工笔花鸟作品《荷香鸭肥》，因为它是“文化大革命”期间破冰而出的代表性作品，它的意义在于把花鸟画重新推向历史舞台，使这一几乎遭受“四人帮”毁灭的画种重新获得生机。

对于一般作品而言，可以忽略作品创作的历史环境，但是面对喻继高创作这幅作品时的历史环境绝对不可忽略，如果忽略或者不了解“文化大革命”的那段历史，就根本不可能对这幅作品作出恰当的评价，就根本不可能更深一层地理解这幅作品的“意义”。若要体会这幅作品的真正价值，就要把它放回极“左”的政治环境中去解读。

《荷香鸭肥》是一幅纯粹的工笔花鸟画作品，创作于1973年的“文化大革命”期间。在“四人帮”及其死党的统治下，新中国成立后十七年的文艺界被看做是受到了“黑线专政”，一切艺术活动和艺术创作都是“封、资、修”的产物，至于新中国成立以前留下的作品更是封建社会和资产阶级的糟粕。艺术家大多成了“牛鬼蛇神”，他们头顶“成名成家”“三名三高”的帽子任人指责、任人责骂，他们被赶出画室，到农村去，到“五七干校”去，经受锄头把的磨炼。几亿人多年来只听或只看几个“样板戏”，绘画艺术也出现了“样板”，其中有著名的众所周知的“样板画”《毛泽东去安源》。画家与画家重复，作品与作品重复，一个模子，一种程

荷香鸭肥 1973年 纸本 238cm×129cm

上下求索，跋涉不止

式，十年不变。人物画尚有一个“样板”，花鸟画如何模仿？还有山水画、静物画呢？这些问题在当时似乎无须过虑，因为它们本身就不是为“工农兵”和“无产阶级政治”服务的，谁碰它谁倒霉，已是众目睽睽的事实。

据记述：“从1971年至1973年间，周总理根据伟大领袖毛主席关于要注意不要强加于人和区别对待等一系列重要指示，亲自关心和过问了宾馆的布置画和外贸出口画的问题。”于是，在此期间北京和上海等地组织了一些国画家画了一批宾馆布置画和外贸出口画，并出版了《中国画》画册，其中大多是山水、花鸟。后来，“四人帮”为了与反对周总理的部署相配合，便杀气腾腾地向宾馆布置画和外贸出口画开刀。1974年3月《文汇报》和《解放日报》等报刊发表大块文章《一本地地道道“复礼”、翻案的画册》，宣布“批黑画”的开始。文章称这些画“是政治上那股妄图否定无产阶级“文化大革命”的翻案风在美术领域的表现，是美术领域中修正主义黑线回潮的一个典型”。这些画均被认为是利用隐晦的手法来影射社会主义的“黑画”而遭到批判。中国画何去何从，似乎从此再无出头之日。

此时的喻继高四十而不惑，已由省新闻出版局的美术编辑调进省美术创作组，成为一名专业美术创作员。作为新中国培养的第一代科班出身的花鸟画家，作为傅抱石、陈之佛两位大师共同打造并寄予厚望的高足，喻继高在面临他所钟爱的花鸟画艺术遭到了彻底扼杀的形势时，显得成熟而深沉。他冷眼旁观在他身边发生的一场场闹剧，从未停止过一个艺术家的思考。他抱定坚强的艺术信念，坚信寒冬总会过去，工笔花鸟画绝对不可能消亡，一定会迎来冰雪消融的春天。关键在于艺术家们在任何时候都要维护自身的尊荣和艺术的价值，不阿谀奉承，不趋时附会，不要再为违心的艺术使自己灵感消失，才华耗尽。

本着这样的立场，喻继高经过了反复的思想斗争，终于根据他熟悉的乡村生活积累，精心构思，数易其稿，创作了《荷香鸭肥》这幅工笔花鸟画作品，表达他对被“四人帮”扼杀的灿烂文明的向往与炫耀，隐含着复兴工笔花鸟画的强烈愿望。画中没有任何政治标签，只有浓浓的乡情、乡思、乡恋，描绘的是在乡村生活中常见的肥硕的鸭子，或藏或露地嬉游在绿波荡漾的荷花丛中。白描素面的荷花亭亭玉立、妍雅高洁，“三矾九染”的荷叶接地连天、清奇开张，双勾填彩的群鸭神情贯通、栩栩如生，“质沿古意而文变今情”，整幅画面清新雅丽，动静相生，诗意盎然，充满浓郁的乡土气息。显然，在当时这是一幅逆潮流而动的选材，是一幅冒着政治风险的创作，同时也正是这样的作品使喻继高一举成名，在现代绘画史上留下重重的一笔。

当这幅作为向毛主席《在延安文艺座谈会上的讲话》发表30周年的献礼作品参加了江苏省美术作品展时，立即引起轰动，数不清的观众聚拥在这幅画前惊讶赞叹，被这幅前所未有的精彩画面所吸引。由于观者众多，美术馆不得不派出专人看管，维持秩序。一位对中国绘画艺术颇有研究的意大利女考古学者，在这幅画前久久注视，反复观赏，情不自禁地赞美这幅画：“太美了，太有意思了，它的色彩和线条令我神魂颠倒！”女学者向陪同人员提出请求，要见见这位画家。陪同人员只能搪塞她说：“作者出差了，不在南京。”因为在那个“欲加之罪，何患无辞”的年代，谁敢引见画家去会一个外国人，弄不好就被扣上一个“里通外国”的帽子而有口难辩。女学者又提出要买下这幅作品的要求。陪同人员又拒绝道：“这里的画只作展览是不能卖的，你要买中国的画，只有到北京荣宝斋。”女学者无奈地耸耸双肩，摊开双手摇摇头说：“荣宝斋我去过多次，这种画我从未见过。”说着，她郑重地记下了作品的名字和作者的名字，带着一副不可理解的神色离开了展厅。

当轿车刚刚启动时，那位女学者忽然做了个停车的手势，再一次打开车门，匆匆回到喻继高画前，又忘情地欣赏起来，好久才怏怏地走出展厅，还不时地回头看着那幅《荷香鸭肥》的作品，其陶醉之情透出抱憾终生之意，难以形容。

后来这幅画名满全国，影响逐渐扩大，应得力于江苏出版社同仁们的慧眼识珠。他们大胆地冲破禁区将这幅作品列入出版计划，作为单幅画予以出版发行。第一版就印行48万张，由新华书店销售到各个城市和乡村，一版再版，受到广大人民群众的普遍欢迎。可以说，在“文化大革命”期间出版的单幅画，除了《毛主席去安源》，这幅画应该是发行量最大的出版物。

喻继高似乎在告诉人们，即使在文化遭受毁灭、精神生活贫乏的年代里，他也没有改变对工笔花鸟画的一往情深，而是执着地坚守工笔花鸟画这块艺术领地，努力探索、实践一种新的画风，并以一种大无畏的精神顶着“四人帮”的压力，率先冲破禁区，为工笔花鸟画获得新生开辟道路。他以他的实践告诉人们，传统艺术只能以“借古开今”的方式演进，如果以砸烂重造的所谓“革命”方式，让它从零开始，无异于消灭它。他不仅以他的作品为工笔花鸟画树立了一个为人民大众赏心悦目的典范，同时也导引着花鸟画艺术走出传统历史的阈限，重新谱写花鸟画历史的新篇章，并以事实证明这个有着千年历史的画种只要深深扎根于民族土壤，一定拥有广泛的市场，具有无限的生命力。

不管怎么说，《荷香鸭肥》创作的成功给喻继高带来的欣慰是非同小可的。他欣喜的不只是他的作品受到行内外的普遍赞誉，他更看重的是他在出新道路上迈出的这一步，使他找到了自己努力的方向。一向谦虚的喻继高在盛名之下非但没有飘飘然，反而向自己提出了更艰巨的任务。于是，他陆续推出了《荷塘群鸭》《荷塘双鸭》《荷塘戏鸭》等举一反三的系列作品，他要在平凡的景物中开掘更深沉的精神内蕴，要在已为人们喜闻乐见的风格中真正洗发出特立独行的艺术个性，让自己的作品更加丰满、成熟，更富于技术含量和诗情画意，更臻于完美。

关于《荷香鸭肥》还有一则轶闻，不妨作一补遗：

1975年冬，喻继高母亲乘火车返回徐州。车上人多，未买到座票的喻母带着行李，倚在车厢接头处的壁板前。突然，她发现在对面座位上的几位解放军战士，正盯着

1976 年 4 月，喻继高（左四）与江苏省国画院同仁应邀为国家领导人乘坐的专列火车作画，赴西南深入生活时在娄山关合影。左起：金志远、尚君砺、陈达、喻继高、华拓、秦剑铭、伍霖生

她背后壁板议论着什么。老人下意识地回过头来，一幅熟悉的画面映入眼帘，她脱口而出：“呀，这不是俺继高画的画吗？”原来，她后靠的壁板上正贴着《荷香鸭肥》的印刷品。一位战士惊奇问道：“大娘，你认识这位画家？”喻母自豪地回答：“怎能不认识呢？他是俺的儿子啊！”那个战士急忙站起来仔细瞧那幅画，发现上面果然署有“喻继高”的名字，便热情地给老人让座，对喻母关怀备至。一路上，战士与老人谈笑风生，其中谈得最多的还是画家小时候的故事。可见，《荷香鸭肥》深得人心的程度，还给母亲带来了骄傲。

总领群芳

1976 年，以粉碎“四人帮”为标志的“文化大革命”宣告结束，但是动乱后的余波和已经形成的历史惯性并不会戛然而止，它需要一个过程。中国画坛经过 1977 和 1978 年直到 1979 年初并没有从根本上挣脱“文化大革命”的桎梏，“样板画”的影响仍然羁绊着艺术创作的内容和形式。艺术家尚处在苦闷与徘徊之中，创作思

松鹤长春 1992 年 纸本 145cm × 346cm

想远未得到解放。直至 1979 年初王朝闻还在疾呼，“弄虚作假，公式化、概念化的流毒，至今仍然在不同程度上危害着包括揭发‘四人帮’罪恶在内的文艺创作。”《美术》杂志的何溶也记述道：“就在今年年初（1979 年），全国各地区观摩创作草图时，大家还有很多苦闷，甚至可以说沮丧。”不可否认，绘画也同当时政治上“拨乱反正”和各行各业的“百废待兴”一样，处在一个迈向新时期的过渡阶段。这不是阳光明媚的春天，而是严冬过后的春寒。

喻继高的心境显然与众不同。自打 1973 年创作的《荷香鸭肥》问世，在画坛

语惊四座之后，他的眼前有了路，这条路非常清晰，那就是在鸟语花香中追求人与自然的亲近和谐，让传统的工笔画语言在描绘现实生活的平凡之美中化古为新，富于诗境。他已不再彷徨，决心认认真真地沿着这一明确方向走下去，喻继高由此步入了他的艺术盛期。

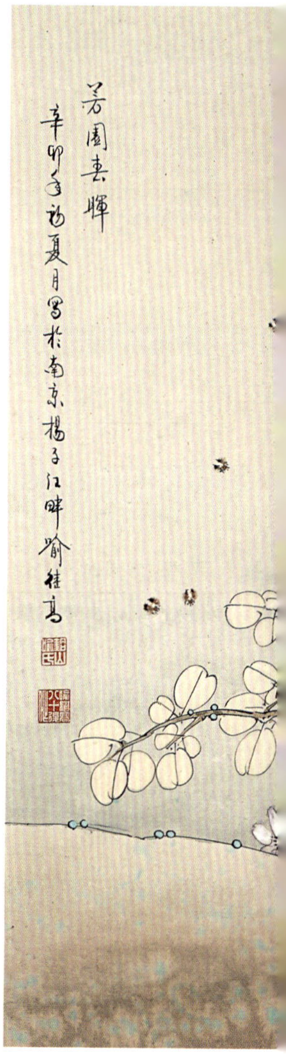

1974年他创作的另一幅《荷香鸭肥》及《葡萄小鸟》在加拿大蒙特利尔举办的第26届国际博览会上展出。1975年他升任江苏省美术创作组副组长，应中国美术馆之邀创作了《群鸭戏荷》参加了中国绘画展赴菲律宾首都马尼拉展出。菲律宾总统夫人伊梅尔达·马科斯参观后赞叹不已，心驰神往，坚持要收藏此画。鉴于两国关系，我驻菲律宾使馆只好以此画相赠。总统夫人喜出望外地说：“太感谢了！这给我的藏画增添了异彩。”

类似的活动远不止这些，我想着重谈一谈喻继高在这一阶段中创作的另外两幅主要作品——《梨花春雨》和《杜鹃山雀》。因为这两件作品有让我们激动的意味，它记录着喻继高在每一个当下的生命体验和感受，让情感的力量促成他的艺术在表现上总有新的发挥。

1976年春天，喻继高接受了国家交通运输部交给江苏画家为国家领导人布置专列的创作任务。出于对这一任务的重视，也为了“重新找回感觉”，由喻继高率队，带领一群画家前往西南地区深入生活。他们游三峡、登峨眉、上乐山、渡乌江，走过昆明、桂林、长沙、重庆、武汉诸城市，写生作画历时四个月，贮奇花异木于胸中，记旖旎风光于笔下，所行人员各取所需，满载而归。喻继高清楚地记得，就在这年三月阳春的一天，他与同伴上溯重庆，途经武汉，画家们相约到珞珈山采风。游至东湖时，天空忽然下起了蒙蒙细雨，透过雨帘，回望湖岸，喻继高眼前一亮，猛然间看到了从未见过的“千树万树梨花开”的迷人景象。他激动地借来一把雨伞插在背上，开始对着梨花静静地写生。他画整体的感觉，画局部的穿插，画花瓣的结构，画枝干的组织，画花叶的向背，画一朵、几朵的梨花，画一树、几树的梨花，速写本翻过一页又一页，忘记了饥饿，也感觉不到疲惫，完全沉浸在梨花冰肌玉容、天生丽质的美感追求中，如醉如痴。直到夕阳西下，天色渐晚，喻继高才意犹未尽地合上速写本，回到驻地，这才发现自己整整一天未曾进食。

晚上，他翻看着速写本，久久不能寐，霏霏春雨中的簇簇梨花总在眼前闪烁，使他内心涌动着创作的欲望。这样构思，那样立意，草图一幅又一幅，

芳园春晖 2011年 纸本 68cm×136cm

躺下、爬起，再躺下、再爬起，彻夜难眠。

第二天，同行的画家去黄鹤楼观光怀古，喻继高则不由自主地又走进令他魂牵梦萦的梨树前。一夜春雨后的梨花，烟笼雾绕，粉白生香，再看满枝满树的梨花，如淡妆素裹的美女，恰似陈师曾《梨花》诗所云："一树梨花素雪霏，美人白纻试春衣。水晶帘下新妆罢，笑看钗梁玉燕飞。"或许就是这首诗中的画意点燃了喻继高的灵感，美若天仙的梨花，穿云破雾的飞燕，幻化出一个"一林轻素媚春光"的境界，《梨花春雨》的构思终于成熟，只待跃然纸上，落笔生辉。

回到住处，喻继高把激情、愿望和思考浓缩在这幅充满新意的作品中，他选择拦腰截取并立的梨树构图，让盛开的朵朵梨花布满画面，既是画面主体又是背景，

梨花

喻继高

梨花白似雪，花开三月初。
从小爱梨花，丹青绘佳作。

喻继高最喜爱梨花，2010 年赴徐州大丰县（现大丰市）大沙河万亩梨园写生

三只重墨的春燕翩然在花树间飞过，既是画眼也是生灵；双勾淡染的娇花嫩叶在撞水渍墨的老干新枝的衬托下，更显雅艳高洁，点缀的数只蜜蜂在芳香四溢的花间盘旋飞舞，更洋溢着生命的喜悦和欢乐。双勾与没骨的结合，水墨与色彩的联姻，工笔与写意的兼容，使这幅作品具有多种美学旨趣而立于前人之外，提升了作品的技术含量和技巧。这是多么美妙，多么振奋人心，又是多么富于诗意的乐章，由此看到了画家的人格理想、智慧与才情。作品中诱人的大自然气息感染着我们，引发我

梨花春燕 1978年 纸本 138cm × 70cm

画杜鹃

喻继高

行程三千三，
登上峨眉巅。
不畏苦和累，
只为画杜鹃。

杜鹃山雀
1989年　纸本
82cm×40cm

们的生活联想，使作品获得丰富的内容，给人以春意盎然的美感。

不知是巧合还是有意为之，《梨花春雨》诞生的前夜是1976年4月5日，伟大的“四五运动”正在显示着人民的力量，昭示着此作描绘的已不仅仅是自然界的春天，更象征着艺术的春天。喻继高用他的画表现了那个时代的春光，呼唤着、迎接着艺术春天的到来。无论从外在的时代特点还是从作品本身的质量看，《梨花春雨》都是中国当代工笔花鸟画最重要的作品之一，它的引领作用是显而易见的。

他的另一幅作品《杜鹃山雀》也是这一次西南之旅收获的作品。那一天，喻继高一行离开武汉到达成都时，正是峨眉山上杜鹃花盛开的时节。听当地人说，峨眉山上的杜鹃有五六十个品种，美如锦绣，不过要到高山上才能看到。考虑到机会难得，来一趟峨眉山不容易，喻继高和同伴金志远相约一起攀登峨眉寻找杜鹃。然而，当他们好不容易爬到了峨眉山巅，却发现杜鹃花生在悬崖峭壁之上，常年多雾又使崖壁布满了苔藓，只能远观而根本无法靠近。无奈之下，喻继高只好用钢笔在朦朦胧胧之中勾勒一些大致的印象和轮廓。就这样，喻继高也不愿草草收兵，不惜在此处耗时七天，尽情尽兴地一睹耐高寒的杜鹃花有红有白、争奇斗妍的千姿百态，静听山雀子规的声声欢鸣啼唱，流连忘返。

常言道，蜀道难，难于上青天。其实上山难下山更难，尽管拄着拐杖，由于山路走得太多，喻继高小腿的肌肉收缩不能弯曲，只能横着身一步一步往山下挪动。等他挪到洗象池时，忽然遇到一群充满欢声笑语的中学生，尤其是他们携带的水壶里插着的五颜六色的杜鹃花，格外吸引着喻继高，紫色的、白色的、鲜红的、粉红的，应有尽有，美丽极了。顿时，喻继高又兴奋起来，忘记了浑身的酸痛，立即向学生借来杜鹃花仔细地画了起来。一朵又一朵杜鹃花近距离地拿在手中，得以仔细观察与写生，弥补了数天来远观杜鹃的不足，喻继高心满意足地感叹：“真是老天助我也，让我不虚此行。”

喻继高笔下的《杜鹃山雀》改变了传统的折枝布局，着力于讴歌鸟鸣花放的生韵，上密下疏的斜势构图，空灵虚静，却不失层次丰富、朴茂繁盛之意趣；以刻画为工，精于鸟形花态的形神塑造，以赏心悦目为美，重在撩人心弦的生命律动。仔细品味，你会发现在这幅画中，既继承了宋、元以来工笔画崇尚自然、重视写生的写实传统，又吸收了南宋院体画着意于诗意、情趣的艺术手法，表现出从自然美的天然形态向艺术形态的发展和深化。他的画自然而然，发自真情，充满爱心，以简洁、含蓄、典雅、淳朴作为至高的原则，其线条、构图和色彩力避唐以前的烦琐和富丽，在宁

荷香鸭肥 1978年 纸本 128cm×245cm

静平和的表象里蕴含着对生活的热爱之情，也表现着画家独到而敏锐的观察和体验。画家不是为画花鸟而画花鸟，而是通过花与鸟来抒情寄怀，以花与鸟为媒介来寄寓自己对人生的追求。换言之，喻继高的花鸟是对自然生活的再创造，他将情、景、理、法融为一体，形成和时代同步的独特风格。当然，他的恩师陈之佛先生的一些画就有这样的特点，但应该指出的是，由于历史环境的不同、心境的差异，喻继高理应有更丰富、更生动、更多彩的表现。如果把视点放在当时画坛的“复苏”和“解放”的时代思潮上，喻继高的这些作品都无疑留下了闪光的印迹，这对于如何继承古典艺术遗产，如何处理艺术与生活、传统与现代的关系，如何发展传统花鸟画艺术所起到的积极推动作用是显而易见的。

1979 年的春天，“有一位老人在中国的南海边画了一个圈”，春风吹绿了长城内外，春晖暖透了大江南北，邓小平同志把一个美好的春天展现给一个灾难后的

孔雀悦春 1989 年 纸本 112cm × 346cm

民族，中国迎来了改革开放的新时期，走进万象更新的新时代。也就在这一年，中国美术家协会宣布在“文化大革命”期间中断的工作开始恢复，并组织大家对一系列重要问题，即如何解决深入生活的问题，如何理解美术为政治服务的问题，“艺术是阶级斗争的工具”提法对不对，如何理解为工农兵服务的问题，如何按照艺术规律办事等问题，展开讨论，予以拨乱反正。

在这一时期，喻继高在工笔画领域的领先地位是不容忽视的，他在艺术上的表现力和创造力一直使他在日趋活跃起来的画坛上显得尤为突出。1977 年初，江苏省美术创作组被撤销，喻继高回到刚刚恢复不久的江苏省国画院工作，大有把“文化大革命”失去的 10 年夺回来之势，表现出极大的创作热情，佳作不断涌现。他创作了《芭蕉丹柿》《牡丹绶带》两幅工笔花鸟画参加了赴香港展出。1978 年他创作了大幅工笔花鸟画作品《孔雀戏春》《荷塘群鸭》分别赴中国香港和伊朗展出。

1979年4月，他赴山东菏泽“牡丹之乡”深入生活，创作了《牡丹银雉》参加在日本举办的第一届亚洲美术展；作品《荷香鸭肥》《葡萄小鸟》为江苏省美术馆收藏。1980年4月他参加江苏省第四届美术家代表大会，被推选为常务理事兼副秘书长；也就在这个月，他的《樱花小鸟》等四幅作品赴日本名古屋博物馆展出，并为该馆收藏。1982年7月应中国美术家协会之邀，参加在北京举办的花鸟画学术研讨会，《工笔花鸟画技法和创作》专著脱稿；作品《樱花山雀》《荷塘双鸭》为中国画研究院收藏；作品《芭蕉丹柿》由文化部选送参加在南斯拉夫里耶卡举办的第八届中国绘画展览。1983年创作大幅工笔画《莲塘戏鹤图》与《初春》《茶花鹦鹉》等作品分别参加赴印度、圭亚那、约旦、尼泊尔等国家的中国画展览。1984年被任命为江苏省国画院副院长；6月，赴山东参加全国第六届美术家大会，其间与潘絜兹等工笔画名家共商筹备“中国当代工笔画学会”事宜；人民美术出版社出版《喻继高工笔花鸟画选集》发行全国；作品《玉兰锦鸡》参加现代中国画展赴苏联莫斯科、彼得格勒展览，展出后，此作被中国美术馆收藏，同时收藏的还有《樱花双鸽》作品；9月，他的代表作品《玉兰锦鸡》《瑞鹤图》入选了全国第六届美术作品展。1985年7月赴日本访问；作品《梨花春燕》为江苏省美术馆收藏；《玉兰锦鸡》获江苏省国画院、美术馆联展一等奖；《瑞鹤图》获全国年画展三等奖；另有作品赴保加利亚展览。

请原谅我匆匆地记录下喻继高在“文化大革命”结束后十年时间里的创作历程，在这并不完全统计的艺术活动中，我们已经看到：他的创作题材在不断扩大，表现内容在不断丰富，艺术水平在不断超越，理论建树在不断跟进，影响在国内外不断提升。在“文化大革命”后的这段历史中，做到以如此高产的快节奏、先行一步的自觉性和自身充分的学术质量是特别不易的，这不仅需要足够的才华，而且需要坚持探索的勇气。

也就在1985年，南京的《江苏画刊》发表了年轻的理论家李小山《当代中国画之我见》一文，开篇就推出了“中国画已到了穷途末日的时期”这一触目惊心的论点，批评的矛头直指陈陈相因、封闭守旧的传统中国画艺术，引发了一场关于中国画艺术的激烈争鸣。由此，“’85美术新潮”成为人们关注的焦点，观点的分歧和对立引起的激烈争辩是不可避免的。喻继高无意于对新潮美术的功过得失作更多的评价，他也不赞成新潮美术的过激语言和自身粗糙的学术层面，但他清楚地看到，这一由对传统文化的逆反心理而引起的文化批判，促进了理论探讨的空前活跃，

岭南三月 1988年 纸本 97cm×60cm

深化了我们对艺术本性、功能等许多问题的认识和理解，不仅对重新审视传统文化的态度是一个很好的启发，对于成熟的中年画家艺术创造力的解放、艺术个性的自由发挥也起到了很大的推动作用。喻继高决定以作品说话，他觉得有必要在北京中国美术馆举办自己的个人画展，听听更多的人对他“借古以开今”的作品评说，看看他的工笔花鸟创新之路的社会反响。真正的艺术家，就像高尔基笔下的丹柯那样，总是用手高举自己鲜红透亮的心的。

1986年9月11日，喻继高生平第一次个人画展在中国美术馆隆重开幕，展出他的工笔花鸟代表作品有100余幅，既有《孔雀图》之类气势恢宏的巨制，也有《松鹤同春》之类精致完美的中堂；既有《荷塘双鸭》之类得天独厚的立轴，也有《牡丹银雉》之类奇思妙想的斗方，还有《葡萄小鸟》之类流光溢彩的扇面，展现了画家拥抱生活、热爱自然、歌颂生命的真挚情怀和工笔花鸟重新焕发的艺术魅力。喻继高把一个百花齐放、百鸟和鸣的大好春光奉献给时代，奉献给人民，给人们一个惊喜，给人们一个人见人爱、雅俗共赏的花鸟世界。

人们在展厅中徜徉，如同步入大自然的怀抱，烂漫山花，和煦春意，扑面而来。正当如潮观众在欣赏这些令人耳目一新的作品之时，时任国家副主席的乌兰夫走进了展厅，紧接着包尔汗、薄一波、杨献珍、柴津民等国家领导人也随同步入。不多时，李可染、吴作人、萧淑芳、蔡若虹、华君武、潘絜兹、胡絜清、刘勃舒等美术界的权威人士纷纷前来祝贺，众口一词地给予这次画展以高度评价，对于喻继高的艺术创造之路给予了充分的肯定。中国当代工笔画学会会长潘絜兹发表了热情洋溢的讲话，他认为“从喻继高的花鸟画中，我们可以感受到大自然的蓬勃生机和新时代的昂扬诗情。你们看，他画中的题材都着眼于生活中常见的花果虫鸟，给人以一种朴实亲近的乡土感情。他的画没有古代院体画那种矜持作态的富贵气、宫廷味，也没有古代在野派那种恬淡幽远的隐逸气、江湖味，它是入世的，属于我们新的时代和人民的艺术。繁盛、充盈、丰实、欢乐、光彩照人、典雅秀丽、风流蕴藉、活泼天真、雍容豁达、泱泱大度，这就是喻继高同志画展给我的印象。”时任北京市政协副主席、作家罗青在喻继高作品前发出这样的感慨：“我窃以为中国绘画艺术只有工笔画可与西方文艺复兴前后的精美作品并驾齐驱。喻继高的作品，几乎普遍地萌生、展现、洋溢着新的技艺、神韵、意境，比前辈名家迈出了新步，有所创造，有所革新，有所发展。”溢美之词不绝于耳。

在“’85美术新潮”愈演愈烈的背景下，在中国画“穷途末日”的传统危机论

1987 年在山东烟台成立中国工笔画学会时，喻继高与画家们合影

的惊呼声中，喻继高坚持在传统基础上的创新之路得到了专家们的一致赞誉，犹如一股暖流滋润着他的心田，让他轻松、自信与激动，让他看到了工笔花鸟画的发展前景与美好明天。也正是在这个意义上，喻继高的作品把历史继承和现实创造结合起来，使自己成为连接过去与未来的一个真正的中介。正是这种中介作用，不仅得到美术界行家的首肯，也得到了社会各界广大人民群众的喜爱。比如，为了等待他的签名，许许多多的观者购买了展览目录，自觉地排起了长队。一位戴眼镜的中年妇女夹在长队中间，带着自己的刺绣作品请他指正；当他为一位碧眼黄发的外宾签名时，由于她身材高大竟然单腿跪在那里等候，以表示敬意；一位《天津文学》的女编辑，专程从天津到北京参观他的画展，她告诉画家：“您的画太动人了！我和我爱人都非常喜欢您的画，但我们工作很忙，只能轮流来京参观。”一位坐在轮椅上的女孩也排在长龙的队伍中间，除了盼望与画家说上几句话，还希望跟画家照一张合影。

这一幕幕感人的场景，早已出乎喻继高本人当初所料，使他激动不已，使他刻骨铭心，他由衷地感激各位领导、专家和素不相识的人们给予他的厚爱。他深深地体会到，立足于艺术的创造和传统的发展，本没有不可调和的矛盾，关键在于时代的品格和服务的对象。在今天看来，喻继高的体会仍不失为一种很有价值的艺术观。看完这批作品，可以获得一个突出的感觉，即为时代而歌的画卷、为人民的艺术追求成就了喻继高艺术的永恒与灿烂。

喻继高在中国美术馆喻继高工笔花鸟画展展标前留影

画展将要结束时，中央办公厅的一位负责同志找到喻继高说：“小平同志看了你的画展录像后十分高兴，说只有祖国发达了，才有像画中那样鸟语花香。”喻继高听后十分动情，便怀着对中国改革开放总设计师无限崇敬之心，以工笔重彩精心绘制了一幅五尺中堂《松鹤长春图》，并在画上题写了“恭祝邓老健康长寿”款，请中央办公厅同志转赠小平同志。1997年，中国驻联合国特命全权大使王学贤告诉喻继高，他在小平的客厅里看到过《松鹤长春图》，并说邓老一家人都非常喜欢这幅祝福吉祥的作品。

喻继高在中南海作画时留影

的确，正是喻继高笔下的花鸟早已走出了传统的形神规范，在花鸟的美丽中注入了功力与创造、内涵与想象，表达了他对现实生活的热爱，对自然生命的讴歌，并赋予其对祖国欣欣向荣的祝福，对人民美好生活的祝愿，因此在喻继高的个人画展落下帷幕之后，立即掀起一股出版喻继高作品的“旋风”，先后有人民美术出版社、上海人民美术出版社、江西美术出版社、湖北美术出版社、吉林美术出版社、

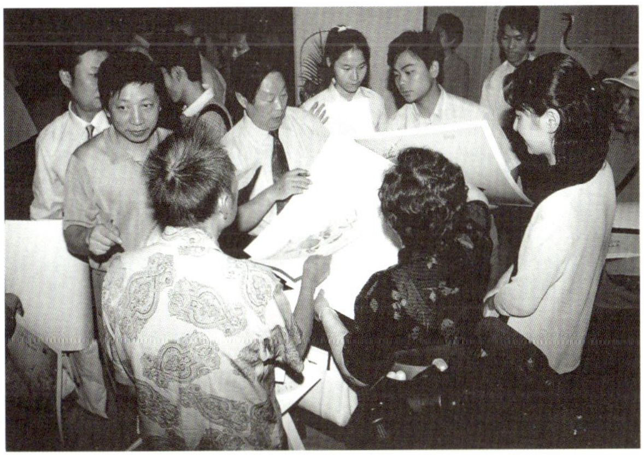

喻继高为热情的观众签名留念

江苏美术出版社、安徽美术出版社、河北美术出版社、天津人民美术出版社、天津杨柳青画社、云南人民出版社等出版单位纷纷以年画、挂历、画册的形式出版他的作品，印数累计高达七千万张（册），如果再加上某些公司、银行、政府等单位用以赠送的挂历、年历、台历等印刷品，简直难以计数。

笔者曾为安徽美术出版社的副总编辑，在我的记忆中，这家出版社至少在15年间，每年都要以中堂、单幅画、挂历形式出版印行喻继高的作品，每幅作品的印数不少于20万，有的是一版再版，常年销售势头不减，可以说喻继高是出版界的“常青树”“大众花”，创造了出版界的神话。直至今日，在年画、挂历走向低谷的态势下，他的画册出版也居高不下，普及型、高档型的各类画册不少于七八十种。以我现在工作的北京工艺美术出版社为例，就出版了他的画册有十种之多。在当代画家中，他是出版物数量最多、发行量最大、最受广大人民群众宠爱的艺术家。

铺天盖地的出版物以及《人民画报》《美术》杂志等各类报刊的报道宣传，喻继高享誉画坛，如日中天，一个继陈之佛之后的工笔花鸟画大家卓然而立，在改革开放的新时期崛起于长江南岸城市，却光照全国。

走向辉煌

北京个展的成功举办，使喻继高的名声大振。1987年，喻继高被评为国家一级美术师；同年，当选为“中国当代工笔画学会”副会长。这一旨

喻继高与江苏文艺界名家在一起。前排左起：宋文治、海笑、亚明、武中奇、谢海燕、魏紫熙、杨建侯

喻继高与叶浅予、黄胄、蔡若虹、俞致贞等在北京颐和园藻鉴堂留影

在继承和发扬工笔画优良传统的国家级学术团体，由潘絜兹任会长，副会长是由在全国有影响的年富力强、业精品优的中年工笔画家担任，会员以中青年画家为主。该会以北京为中心，团结联络全国老中青工笔画家，通过办展、出版和理论研讨的方式开展活动，为促进当代工笔画的发展发挥了重大作用。喻继高正是以他在中国工笔画走向复兴的道路上所作的贡献，使他跻身于工笔画坛领军人物的行列，被推选为这一组织的副会长，可见他在业界的威望。

1988 年，喻继高当选为江苏省花鸟画研究会名誉会长，又应广东省美术家协会的邀请，在广州举办“喻继高工笔花鸟画展”。展览开幕那天，犹如中国美术馆展览情景再现，而且整个展览期间每天都是观众如潮，人头攒动，主办方负责人感慨地对喻继高说：“美术展览一般也就是开幕当天的人多一些，没想到您的展览竟天天如此，简直是奇迹啊！”

广东之行的展览能取得如此成功，既在喻继高意料之外，又在喻继高的意料之中。作为“岭南画派”策源地和活动中心的广州，是中国最早接受外来艺术的地方，是否能接受他的这种基本属于“传统类”的工笔花鸟画，喻继高在行前是有顾虑的。但是，他也坚信自己不是传统的“终结者”，而是传统的继承与阐扬者，他的这些让传统在现代语境下显示出魅力的作品，一定会受到喜欢创新的花城人民的欢迎。展览的空前盛况和多家媒体的热情报道，足以证明喻继高的顾虑是多余的，没有人会拒绝真、善、美的东西。喻继高作品的最大特点就是，他从根本上超越了传统规范，在工笔画的现代转型上不仅促成了对工笔画传统的再认识，激起了民族自强精神与现代开拓意识，还扩大了工笔画的艺术表现范围，进而在形、线、色诸方面已发生了由传统的古典形态走向现代形态的变化，创造了一种给人以美感的全新艺术风格。我还想特别强调的是，这种全新的艺术风格，时代的特征是很突出的。由此，这次展览的轰动效应还表现在广州东方宾馆向他发出邀请，特邀他为其国际会议大厅和总统套房绘制巨幅工笔画作品。喻继高欣然应约。

北京和广州两次画展的成功，使喻继高充分地认识到，坚持把继承优良传统与开拓现代精神统一起来，坚持面向现实生活的直接感受，坚持认同大众趣尚和表现时代脉搏的自觉，坚持在工笔画造型中引入西方的写实技巧和写生、速写，坚持以特有的形式美来强化作品的整体韵律，是他的工笔画获得成功的奥秘所在。唯有如此，中国工笔画才有可能成为与时俱进而又雅俗共赏的艺术。他进一步认为，中国画是不断演进的，而不是激进的艺术。一个政权可以用激进方式求得速变，文化艺

孔雀牡丹
1988 年　纸本
136cm × 68cm

莲塘佳偶
1988 年　纸本
117cm × 49cm

术譬如绘画就不可以这么速变。古人说，作画“有常有变”，“常”指的是恒定的东西，“变”指的是不断演化、改变的东西。二者相互依存，相互转化，正如著名画家王一亭评价金城的一句话：“新旧冶溶，故步不封。”喻继高感同身受。

就艺术的演进而论也有多种途径，但主要有两条：

一条强调原创、突变。所谓原创，它也是在传统基础上出现的。现代、后现代艺术都推崇原创，极力求取前人没选择过的材料、没产生过的观念、没采用过的形式，至少从毕加索以来的现代艺术大师，都追求这种原创性，但他们也无一例外地从前人的经验中吸取东西，从异域艺术、异门类艺术中寻找借鉴，而不是从零开始。

另一条途径则是强调继承、渐变，也就是喻继高工笔花鸟所采取的方式。它并不否定创造，但首先要求认真承继前人的经验，在看懂、读熟传统的基础上循序渐进，而不是断裂、突变。传统中国画千余年来的演进无不如此，比如喻继高的恩师陈之佛尤具此特点。当然，喻继高所处的环境是充满激变与革新的时代，改革开放后的国门重新开启，外来文化的蜂拥而入，出现了不少继裂式的艺术革命，但是早年康有为提出的“以复古为革新”的口号，在喻继高看来仍然是一条大道。这里的“复古”本质上不是复古，而是以复古为旗号、为途径的推进与创造。

这两种途径不能简单笼统地判断哪个更好或不好，两种方式都有成功与失败、好结果与不好的结果，对具体实践经验与成果，只能进行具体分析。喻继高的实践结果，通过两次个展的成效，已为我们做出了强有力的回答。

在下面的喻继高艺术年表中，将进一步地印证喻继高所选择的艺术之路的成功结果：

1989 年春，江苏省政府授予他有突出贡献的中青年专家称号。这一年，他应约专程来到广州，历时三个多月为东方宾馆国际会议大厅和总统套房绘制了两幅工笔花鸟画，尤其是国际会议大厅那幅特大的工笔花鸟《松鹤图》，创下了当时中国之最。随后他又为北京天安门城楼等重要机构绘制了巨幅工笔花鸟画三幅。他的《梨花春燕》作品入选了全国第七届美展，并荣获铜牌奖，后赴日本展出。

1990 年 6 月，他被全国研究中国画的权威机构中国画研究院聘为院务委员会委员。

1991 年 3 月，他应“中国工笔画第二届大展”组委会之邀，担任此届大展评选和评奖工作，其作品《牡丹锦鸡》获优秀作品奖。同年又受国务院办公厅邀请为中南海绘制《春色》巨幅工笔花鸟画。

双栖 2007年 纸本 68cm×90cm

1992年7月，应邀担任全国首届花鸟画展的评委，参加作品的评选、评奖工作。

1993年国务院颁发证书，表彰他为发展我国文化艺术事业作出的突出贡献。2月他为国务院西华厅创作巨幅工笔花鸟画《莲花颂》。8月，应邀为钓鱼台国宾馆创作巨幅工笔画《梅鹤迎春图》。11月，在江苏省美术家协会举行第四次代表大会上，当选为江苏省美术家协会副主席。

1994年，他的作品《松鹤长春》参加第三届中国工笔画大展，获荣誉奖。

1996年4月受中央办公厅之邀，他为中南海江泽民办公室创作了工笔花鸟巨制《瑞鹤图》，并由著名书法家启功先生在画上题跋。6月，作品《梨花春燕》《鸳鸯戏水》被收入《中国现代美术全集》。

1997年4月，喻继高画展在美国纽约东方画廊举行；5月喻继高工笔花鸟画展在联合国总部举行。时任中国驻联合国全权大使王学贤先生致开幕辞，186个国家驻联合国官员、嘉宾留下了参观展览的签名、观后感。时任联合国文娱委员会执行秘书塔拉迪颁发了奖状，表彰喻继高在中国传统绘画上的卓越成就以及对世界文化交流做出的贡献。

1998年任《纪念周恩来诞辰100周年美术作品集》编委，同时当选为中国文

梅鹤迎春 2021 年 纸本 96cm × 180cm

荷塘秋色　1983年　纸本　130cm × 70cm

喻继高在创作中

创作之余看看画册

喻继高在中国美术馆留影

联牡丹书画研究会常务副会长。

1999年3月至6月，再次应中央办公厅之邀，在北京中南海为江泽民主席的202接待厅创作了号称“天下工笔花鸟第一图”的《苍松瑞鹤沐朝晖》，也是喻继高创作历程中最为辉煌壮观的一次实践。

2000年，由我主编的《喻继高工笔花鸟画集》《名家名画·喻继高作品》分别由北京工艺美术出版社、中国工人出版社出版。随之，《南京日报》《金陵晚报》连载长篇传记文学《画家喻继高》。他的多幅作品入编为庆祝新中国成立50周年出版的大型画册《新中国美术50年》《祖国万岁》以及迎澳门回归大型画册《世纪之光》。

20世纪的最后10年是喻继高工笔画艺术走向灿烂辉煌的一个重要阶段。说他灿烂，是他的工笔花鸟画融入了时代新机、生活感受、现代理念而更为光彩夺目、鲜明耀眼；说他辉煌，是他的工笔花鸟画创造像一座灯塔，照亮了工笔花鸟画的前程。他让传统的工笔花鸟走向现代，不仅走进了千家万户，服务于普通的老百姓，还走进了国家领导人经常举行重大国事活动和礼仪的场所。一幅幅工笔花鸟画的巨制，展现的是泱泱大国的气派，代表的是国家文化的正大气象。遍览中国绘画史，很少有人像他那样如此反复地挖掘这种“大花鸟”的主题，又不断强化它的文化含量，为中国工笔花鸟提供了一个宏伟壮阔、震撼人心的审美境界——让工笔花鸟登上国家殿堂，出现了前所未有的博大、壮丽、恢宏与祥瑞之气象。无形之中，喻继高不仅是中国工笔花鸟画的代表人物，也成为当代“殿堂花鸟画”的代表性画家。他让传统这一奇葩在盛世中国大放异彩，再展了汉唐时代的雄风。我以为，喻继高是重铸工笔花鸟画辉煌的领军人物，他的艺术至少在以下几个方面导引着当代工笔花鸟画的方向，为工笔花鸟画的振兴做出了自己的贡献。

其一，是喻继高构建了具有民族精神和中国气派的工笔花鸟画的价值体系。喻继高面临的是这样的一个时代环境：我国社会的改革开放为中国画艺术的繁荣创造了前所未有的条件，这不仅是经济的突飞猛进为绘画的发展奠定了良好的物质基础，更重要的是宽松的社会文化氛围使艺术家们获得了创作的自由，有利于他们发挥创造精神。此外，改革开放扩大了喻继高的国际视野，在把富有鲜明民族特色中国画放在宏观的世界艺术大格局中进行审视时，他开始认真思考中国画与西方绘画观念、技巧的同与异，认识到中国画的变革方法是“演进”与“渐变”，而不同于西方现代绘画采用激烈的“反传统”方式，从而使他坚定了民族文化自信心，立足于本土，深入钻研传统，适当借鉴外来艺术经验，放手做创新的尝试。

喻继高的绘画创作之所以在20世纪70年代就受到画界的关注和瞩目，是因为在当时中国美术界迷雾重重的态势下，他有清晰的方向感，有自己的艺术追求，对激进的“’85美术思潮”有明确的认识。喻继高一再强调傅抱石、陈之佛两位恩师对他的影响太深，喻继高则是沿着前辈开创的道路，接续陈之佛先生的衣钵，以完成恩师的遗愿，以发展工笔花鸟画为己任，以自己的绘画实践把工笔花鸟画推向更广阔的空间。他不仅在表现题材上别出心裁，在技巧上千锤百炼，而且以一种“大花鸟”意识注入他的工笔花鸟创作中，异乎寻常地把传统花鸟温温吞吞的小情调、小趣味、小格局、小韵味转向姹紫嫣红、神清气爽的遍地鸟语花香。他将大自然绚丽怒放的生命情意视为当代花鸟画创作的源头，画面上无处不充满彩墨的交响、阳光的诗篇、飞翔的节拍和明快的色调，从而使我们在以前的传统花鸟画作品中看不到的大景、大美、大气、大势得以自由地释放出来，是自然之美、生态之美、心象之美、艺术之美的和谐统一，是一种堂堂正正的民族精神和中国气派的高扬。依托于丰饶的大地和大地上的艺术实践，喻继高有资格作为一面旗帜在中国美术的上空猎猎作响。

其二，是喻继高拥抱自然，重塑花鸟生命的本真意义。出身于贫苦农民家庭的喻继高，是党和人民的关怀，使他有幸走进了高等学府，成为新中国培养的第一代

早春二月 2002年 纸本 66cm×42cm

花鸟画家。他的内心充满了对国家、对人民、对党的感激之情，无时无刻不在渴望着以己一技之长回报社会、报效祖国。他热爱自然是他乡村经历的使然，他热爱人民是他善良淳朴的天性所致，他热爱祖国是中华儿女代代相传的品格，他热爱党是他漫漫人生路的切身感受。他希望国家兴旺发达，人民幸福安康，并以工笔花鸟为载体，借助它的“寓意”“比兴”功能，抒发他的这种情怀。因此，他的作品取材并不在意传统题材或非传统题材的新与旧，而是着意于回到自然的怀抱中重新驾驭笔墨、调动情感、呼唤创造。因此，在他的作品中，不只是对自然景物的简单描写，而是常常以象征的手法表现他所理解的自然真谛，通过花卉禽鸟以借物咏怀、托物言志。最直接的象征手段，还是借用那些来自传统的经典意象，比如以牡丹象征富贵，以松鹤寓意长寿，以白鸽向往和平等，但他的象征表现与传统工笔画又有所不同。尽管他也在强调某种画外之义，其结果仍让人们从那画面物象中感受到来自大自然的真实，同时这些物象的自然属性又被画家重新解构重组，从而去承载它的象征意义。这使他的作品比之一般的花鸟画，更具有一种来自历史深处的精神意蕴以及来自自然的蓬勃生机。

喻继高的工笔花鸟画基本都是源于他长年的写生经验，他用极大的热情投向大自然，即使定居在都市，他也每年都要腾出时间或回到故乡，或去河南洛阳，或到山东菏泽，或奔赴西双版纳，以最为贴近的面对方式，体悟自然的生命本真，发现自然的美质。这些体悟与发现，都变作画面中的一个个具体而真实的细节，它们让喻继高的工笔花鸟画作品情趣盎然、永远鲜活。在他的身上，仍然焕发着那来自乡土的质朴与真实、宽厚与豪放，这些也作为一种可贵的精神融入他的创作中，成为他工笔花鸟画工致而不雕琢、细腻而不矫情的风格来源。他用一个个浸透着浓郁生活气息和泥土芳香的温情故事，温暖着被城市文明冷却了的情感，也正因如此，他的花鸟画才更具有让我们感动的东西。显然，喻继高的工笔花鸟洋溢着一种鲜明的入世情怀，但又与那种无病呻吟、吟风弄月的花鸟画大相异趣，而是用繁盛、充盈、丰实、温馨、明丽、爽朗来营造自然底色的阳光基调。这一基调映射着我们盛世中国的文化特征，他的一幅幅工笔花鸟画，无论是巨制还是立轴斗方，也就仿佛是一首首具有鲜明时代旋律的自然之歌、生命之歌，给人们以赏心悦目的享受。

其三，是喻继高在继承和发扬工笔花鸟画优良传统的基础上别开生面。中国工笔画历史悠久，发端于战国，其后经过汉魏六朝的发展，至隋唐已达极盛，到五代两宋更进入了全面发展的辉煌期。但是，自从水墨写意画风跃居中国画坛的主流以后，自宋元以降，工笔画逐渐彻底走向低谷。工笔画的真正复兴，实际上起步于新中国成立以后，而大成于八九十年代。正是20世纪80年代开放的文化情境和90年代中国社会的结构性大变动，催生了中国画界走出了文人画体系的垄断而形成多元化发展的新局面。在这种条件下，工笔花鸟画开始复苏，它从历史的一隅走进共存共荣共同发展的洪流中。喻继高便是在这一特定的文化前景中出现的专攻工笔花鸟的画家。

从1972年冒着政治风险创作的《荷香鸭肥》，到1976年创作的《梨花春雨》在全国第七届美展中获奖；从“’85美术新潮”之后在中国美术馆举行的喻继高工笔花鸟画展，到1997年喻继高画展在美国和联合国总部大厅展出；从1989年为广州东方宾馆国际会议厅绘制巨幅工笔花鸟画，到1999年为江泽民主席的接待厅创作有史以来最大的一幅工笔花鸟画《苍松瑞鹤沐朝晖》，喻继高不断推出惊世骇俗

喻继高（后排右四）与郑乃珖（前排左三）、蔡若虹（前排左四）、叶浅予（前排左五）、李苦禅（前排左七）、陈秋草（前排右五）、俞致贞（前排右四）、溥左（前排右二）、崔子范（前排右一）、亚明（中排左六）、黄胄（中排左七）等在北京颐和园藻鉴堂留影

瑞鹤迎春 2002 年 纸本 110cm × 346cm

的鸿篇巨制和精品力作，他总是站在历史文化的高度，甚至站在树立国家文化形象的高度，以前瞻性的作品导引工笔花鸟画向前发展的潮流。他认为，这是时代精神的呼唤，是走向繁荣富强的祖国和伟大民族的需求，也是当代艺术家的文化使命。于是便产生了他在工笔花鸟领域一系列“法为今变”的创造。

就工笔花鸟技巧而言，他近学陈之佛，远追宋元诸家，临过宋人的花鸟小品，仿过明人的大景花鸟，对陈之佛先生的构图、立意、用线、设色、撞水渍色更是下过深入的功夫，深谙传统工笔花鸟的堂奥。在他的作品中，既强调“以线立骨”的造型手段，用以提炼对象的形质，更强调以线条的韵律美来表现对象的形体的结构，并随着表现新的内容而变化发展。他的工笔花鸟以造型美而著称，结构严谨而生动

有神，惟妙惟肖而栩栩如生，鸟鸣花放的大自然气息那般诱人。他的构图以平中求奇为特点，露中有藏，动中有静，端正大方不失奇思妙想，开合揖让、虚实互衬如大将布局，胸中自有独造之域。他的色彩以亮丽明艳为旨归，坚持以固有色为主调，但并不排斥对西法的汲取，却明显地回避了传统用色的单调和板滞，而是把传统色彩、西方色彩、自然色彩与内心色彩交汇融合，致力于表现对象的造型、体积、质感、光感以及空间感的表述与呈现；或在统一色调里寻找色差，相互映衬，推出层次，或在冷暖色彩对比中，取得和谐，鲜明而响亮，强化了色彩的表现功能和感染力。他的意境崇尚诗情画意的难解难分，因为它们共生于自然，同飞于联想，就是那种融入个人性灵的有别于自然原生态的另一种芬芳。整体风格清新、富丽、明朗、灿烂，

喻继高与恩师杨建侯先生（左七）、廖静文先生（左九）、画友范保文（右一）等于南京大学留影

美学追求当属恢宏丰富之大美。

他的工笔画注重写实，在表现手法上，工细不苟，繁富而洗练、多彩而和谐，但传统的形式因素又使它具有不可能完全写实的特点。喻继高善于把“应物象形”的具象写实性、“骨法用笔”的抽象表现性与讲求秩序、韵律的装饰性结合起来，适当地引入写意的水墨技巧，在形似的基础上“传神”、“写心”，并赋予独特命意。

就鲜明特点而言，喻继高的工笔花鸟体现为在天人合一中驾驭自然、包罗万象而物我两忘，变功夫为天然而心手双畅。虽工于绘形绘色而尤重“写神”，亦讲求深入对象的生命状态与内在本质；虽谨严工整而仍有尚意精神，亦重视品格情操与精神生活的真情披露。画中百花吐艳，百鸟和鸣，满幅生意跃动，满纸绚丽璀璨。他的作品充满了东方情韵、民族精神，显示出传统与现代、东方与西方、艺术与生活交相辉映的艺术魅力。

其四，是喻继高工笔花鸟雅俗共赏的格调呈现的广泛性、人民性和现代性。“雅”与“俗”这是一对困扰中国画艺术的几千年的矛盾，只要社会还分基层和高层，艺术还有形而上和形而下之分，这对矛盾还将制衡艺术的发展。但在艺术史上，真正有生命力的优秀作品，总是在俗与雅两个源流里汲取营养。那些能成大器的大师巨匠，总是以超然的心态，在俗与雅之间寻找自己的感受，弹出雅而不俗、俗中大雅的曲调，给人以耳目一新之感。

喻继高的画就属于这一种。他的工笔花鸟不同趣味的人似乎都能接受，男人女人都能喜欢，中国人外国人都能欣赏。根本的原因在于喻继高的艺术强调的是最大限度地趋近于自然——表现题材与内容，也最大限度地体现了自然美——表现风格与方法。自然美是真情的流露，是美意的表达，它是人类的理想状态。因此他的作品才具有超性别、超民族、超文化的雅俗共赏的品格。

在中国绘画理论中，“俗”字通常是被理解为与“雅”相对立的概念。它含有平庸无奇、平淡无味、平凡无聊的意味，一句话，水平不高而不足取。其实，“俗”字还有另外的意义，即通俗、习俗、大众化的浅显易懂之义。“雅”则是阳春白雪，一味求高雅，和者盖寡，根本不求为大多数人所看懂、喜爱和掌握。虽然雅俗逐渐成为评价中国传统绘画的一个重要方面，但是从来没有区别和衡量雅俗的具体标准和尺度。雅俗具有很强的相对性，但是雅俗的内涵也并非一成不变，而是在发展中相互渗透的、相互融合的。这在清末任伯年的作品中已有所反映，齐白石在这方面的努力和成就也是空前的。在齐白石的作品中，极力把民间艺术中的所谓“俗”融进文人画中，同时也把文人画中的“雅”注入民间绘画中来，使更多的劳动人民喜爱中国画，使雅和俗在某些方面统一起来，达到雅俗共赏。这是画家本人的品格、气质、修养、崇尚及学识等方面在艺术中的综合体现，这是把具有排斥和对立的两者兼容起来，其难度也只有少数的艺术大家才能做到。

喻继高的画被誉为“雅俗共赏”，正是用通俗的语言道出了他艺术成就的核心以及对中国工笔画发展的贡献。从某种意义上说，喻继高艺术的实质，就是把源于自然的充满生活情趣的艺术活力同传统工笔画而炉火纯青的艺术形式做到了完美的结合。“俗”在他的作品中，是一种亲切感，一种真诚感及平和感，它没有盛气凌人的威武庄严，没有装腔作势无痛呻吟，没有高深玄奥的不可思议，没有玩世不恭的炫耀卖弄，他只把他所喜爱的也是广大人民所喜爱的、所常见的花形鸟态表现出来，在给人以新鲜感的同时，给人一个惊喜的自然美感，这种“俗”表现了画家同广大读者及其生活之间的极为密切关系。他作品中的“雅”，在于它那与内容相和谐的形式，在于它那传统工笔技巧的精湛，在于他是在专业自觉的水平上做职业化

歌赞盛世春
1982 年　纸本
133cm × 66cm

的努力。他的所有探索，都带有浓厚的学院派的色彩，显示出相当的层次。他是文化人，他是新中国建立之初培养的大学生，他是当代傅抱石和陈之佛两位大家身边的继承者，他是国家画院体制下的专业画家和领导者，也是经常承担重要礼宾场所陈列画任务的艺术家，这一位置使他不可能把绘画完全当成个人的事，而是恰如其分地站地一个各方面都能接受甚至各方面都要仿效的位置上，从而成为时代美术的尺度，代表着国家的文化形象。他的所有学术性努力都表现在他成功地化合“雅”与“俗”的因素，使“雅”与“俗”结合在很高的层次上。不可否认，喻继高的确是中国当代一位少有的雅俗共赏的艺术大家。

大爱无疆

跨进新世纪，将近七十岁的喻继高为自己订立一个“三步规划”：第一步，只要身体允许，继续为国家殿堂画几幅工笔大画，招之即来，有求必应。第二步，多出几本像样的画册，对自己的艺术作一番总结，以传后学。第三步，回报社会，回报家乡，建立自己的艺术馆。喻继高的“三步规划”，不是哗众取宠的作秀，而是心存大爱的表露，是他诚朴、善良、实在个性的使然。他的每一步规划似乎都在倾诉他的感恩之心，以一个老艺术家的自觉，以自己的笔墨丹青书写着爱心，感恩祖国，感恩社会，感恩他的父老乡亲。

喻继高的第一步规划的缘起，可以往前延伸几年，延伸到 1993 年初夏。那年他用了一个多月时间为钓鱼台国宾馆创作了巨幅工笔花鸟画《梅鹤迎春图》。碰巧的是他有幸和国学大师、书法大家启功先生为同一宾馆创作，同住一楼，一道进餐，便委婉地请启功为该画题字。启功先生欣然应允，即落笔成诗于信笺，写道：“浩荡春风纸上铺，梅开草长遍西湖。名家笔下新生面，不让宣和瑞鹤图。”启功是借北宋皇帝赵佶的传世之作《宣和瑞鹤图》与喻继高此作相比，大为褒奖。一向谦恭的喻继高心感不安，自觉“不让”是不敢当的，恳请启老改诗。启老虽坚持己见，却又经不住喻继高一再请求，便将“不让宣和瑞鹤图”改为“不减宣和瑞鹤图”，一字之差，可见启老的学问渊博，也见喻继高的谦让之心。此事留给喻继高的印象深刻，也引起了中央有关部门的关注，多次邀请他走进中南海国家殿堂。

第一次进中南海是在 1996 年 4 月，喻继高应中央办公厅的邀请，为江泽民主席办公室创作大幅工笔画《瑞鹤图》，图中描绘了八只仙鹤立于浅水中，神姿仙态呼

启功先生为喻继高巨幅作品《瑞鹤图》题诗

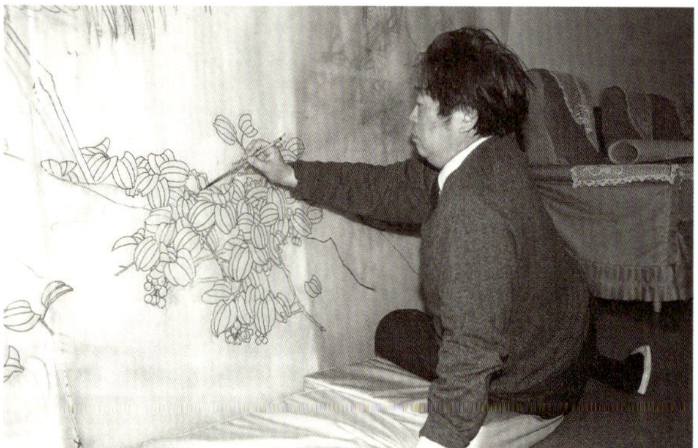

喻继高草绘《苍松瑞鹤沐朝晖》

之欲出，水面上浮萍片片，睡莲朵朵，苍松横贯画面，一派祥瑞之气。江泽民主席对此画十分欣赏，办公室人员提议请江主席题跋，江主席赞叹道："这么好的艺术品，还是请一位专家题字为好。"于是，启功先生再度应约题诗云："溪山夜气水霄清，群鹤群来啸月明。为助崇岗松柏寿，彩笔添得画外情。"诗传画意，画显诗情，珠联璧合，意境阔远。

第二次进中南海是在1999年春节过后，为庆祝中华人民共和国成立50周年需要重新布置中南海，有关部门又一次发出邀请，请喻继高画一幅长8.15米、高2.8米的工笔花鸟巨制悬挂于中南海202接待大厅。听说202接待大厅是江主席会见外国元首的重要场所，一种神圣的使命感油然而生。喻继高不顾自己68岁的高龄，在近十米高的脚手架上爬上爬下，从早到晚不知疲倦，经过100多天的努力，这幅有史以来最大的一幅工笔花鸟画《苍松瑞鹤沐朝晖》终于完成了。它绘制在四张半丈二匹的宣纸上，20只仙鹤或立于石上，或翱翔于天空，石间红叶闪烁，石后苍松碧翠，一轮红日喷薄而出，大有皇图壮丽、帝舆辉煌的恢宏气势，表现出拥抱时代的大视野、大格局、大气象。有关专家称此件作品为稀世艺术瑰宝，称赞该画是继艺术大师傅抱石、关山月为人民大会堂绘制的《江山如此多娇》巨幅山水画之后的又一异曲同工的杰作，喻继高创造了中国工笔花鸟画的一个奇迹。需要特别指出的是，他的这些作品都是不计报酬的无偿奉献，在中国绘画日益

喻继高创作《苍松瑞鹤沐朝晖》

图为工作人员托裱《苍松瑞鹤沐朝晖》的场景

趋向市场化的当下，喻继高的奉献精神尤为可贵。

2001年1月13日，喻继高和另外几位艺术家在202接待大厅受到了江泽民主席的亲切接见，并共进晚餐。江主席和喻继高亲切交谈，翻看他的画册，接见过程持续了4个多小时。大家还在他绘制的《苍松瑞鹤沐朝晖》作品前合影留念，始终洋溢着热烈、温馨的气氛。喻继高心潮澎湃，回到宾馆后依然难以平静，于是，他的第一步规划应运而生。

2002年4月初，他又应全国政协主席李瑞环的邀请，再次赴京分别为全国政协主席会议室和宴会厅作画。一幅以锦鸡为主，周围环绕着玉兰、牡丹、海棠、文竹，加之翩飞的阳雀，图名为《春满乾坤》，整个画面呈现出春光明媚、欣欣向荣、热烈祥和的气氛，象征着伟大祖国如花似锦的繁荣昌盛。

另一幅则是李瑞环主席亲点的题材，依然是以松与鹤为主体的《瑞鹤迎春》图。画中精心刻画了六只仙鹤立于苍松、红梅、牡丹为背景的山石溪水间，神态安详，仙姿各异，其高雅圣洁之情景，恰似人间仙境。喻继高在传统题材的自然之景中融入了真情，表达出对祖国对人民对领袖的衷心祝福，终以现代的艺术观念使古老的人文传统焕发出光辉。

5月18日，经过一个多月的苦战，两幅作品终于如期完成了。两次前来看画

与刘文西、陈光健先生等合影

2010年在澳门与画家吴山明、张立辰、宋雨桂合影

与著名书法家、原中国书协主席沈鹏先生及高以俭、言恭达先生合影

与著名美术理论家邵大箴、孙克、尚辉，画家盖茂森等合影

的李瑞环主席赞叹不已，给予高度的评价。喻继高自谦自己的字写得不好，乘机请李主席为两幅作品题跋，李瑞环笑着说："书画同源，你的字我看过，相当不错，还是你自己题吧！"李瑞环则始终站在喻继高身边，不时地说几句鼓励的话，直到喻继高把字题完。

6月6日，李瑞环主席在政协礼堂设宴款待喻继高等艺术家。席间，李主席和在座的艺术家们亲切交谈，并为喻继高题词："一片真情寄丹青。"喻继高则代表在场的艺术家向李主席表示，决不辜负人民的期望。

一幅幅巨幅工笔花鸟画悬挂于国家殿堂，有着夺人的魅力，令人肃然起敬；一次次受到国家领导人的接见，得到非同寻常的礼遇，令人钦羡不已。喻继高殿堂花鸟画已成为首都重要场所的一道亮丽的风景线，也是喻继高艺术人生最意气风发的时光。由此，他受到了北京美术界、政界、军界的欢迎，受到了北京各大殿堂的欢迎，也受到了地方政府的欢迎。盛世中国有了这么一位殿堂花鸟画家，我以为是国家的福气，也是喻继高的运气。

时任香港特区行政长官董建华、江苏省长季允石手持喻继高赠送特区的画《瑞鹤迎春》

1997年喻继高应美国东方画廊邀请举办画展，美国著名艺术大师程及、王方宇出席画展，中立者是程及，右二是王方宇，左一是李时雨先生

在深圳大亚湾与亚明、梁知行、陈大羽、宋文治等留影。左一为喻继高

喻继高在为全国政协作画期间，恰逢江苏省在香港举行国际经贸洽谈会。为给特区政府准备一份厚礼，省政府决定请喻继高创作一幅工笔画赠送给特区政府。尽管时间紧，创作任务重，喻继高还是满腔热忱地应允下来，夜以继日地投入创作。当江苏省省长季允石将礼物赠送给香港特区行政长官董建华时，董建华爱不释手，连称是不可多得的好画，建议大家都站在作品后面合影留念，并指示将这幅佳作悬挂在礼宾府作永久性陈列。喻继高事后得知，这次洽谈会硕果累累，共引进外资40亿美元，而喻继高的劳动则为这次洽谈起到了推波助澜的作用，甚感欣慰。

2002年10月29日，根据李瑞环主席的建议，“江苏当代国画优秀作品展”在北京举行，李瑞环为开幕式剪彩，并兴致勃勃地参观了画展。他走到喻继高面前，高兴地拉着他的手，对全国政协副主席孙孚凌、宋健等人介绍说：“喻继高是陈之佛的弟子，目前他的工笔花鸟画中国第一。”喻继高连忙说：“李主席，您千万不要这么说！我现在还在继续努力，画得好的人有很多。”“活到老学到老嘛！”李瑞环看了看站在周围的启功、张仃、白雪石等老艺术家说，“大家不都在勤奋创作吗？”接着又对喻继高说：“你们江苏是文化大省，国画创作要在全国保持领先地位。可以说，你们已经具备了这样的实力和基础，应该能够创造出新的辉煌。”

在下午的理论研讨会上，著名理论家和国画家邵大箴、郎绍君、刘勃舒、李松、刘曦林、龙瑞、孙克等人在肯定江苏画家思想活跃，作品有深度、有发展、有创新的基础上，还具体分析了喻继高作品的特色，充分肯定了他在继承和发扬传统艺术方面的突出贡献和领军作用，认为他的作品已在人民群众中深深地扎下了根，是真正的曲高和众。同时指出，在当前许多画家崇拜金钱而心情浮躁之际，喻继高这种潜心创作的精神，为艺术家们树立了榜样。

喻继高得到从中央到地方的领导的如此厚爱，得到美术界的专家学者、权威人士的一致首肯，喻继高觉得自己肩上的担子更重了。他看到了工笔花鸟画光辉灿烂的前景，尤其是国家殿堂花鸟画的需求，他决心与时俱进，更加勤奋地创作，为国家的重要部门多画几幅工笔花鸟巨制，奉献给培养他成长的祖国和人民。

喻继高的第二步规划实施之前，是伴随着改革开放之后的艺术市场繁荣，造假之风盛行。出于经济利益的驱使，不法之徒造喻继高的假画已肆无忌惮，十分猖獗。曾有一本冒“浙江人民出版社”之名出版的高档精美画册《喻继高工笔花鸟画集》，竟然画册上所有的44幅作

喻继高在陈大羽先生画室做客

喻继高与著名画家魏紫熙先生一同观赏画集

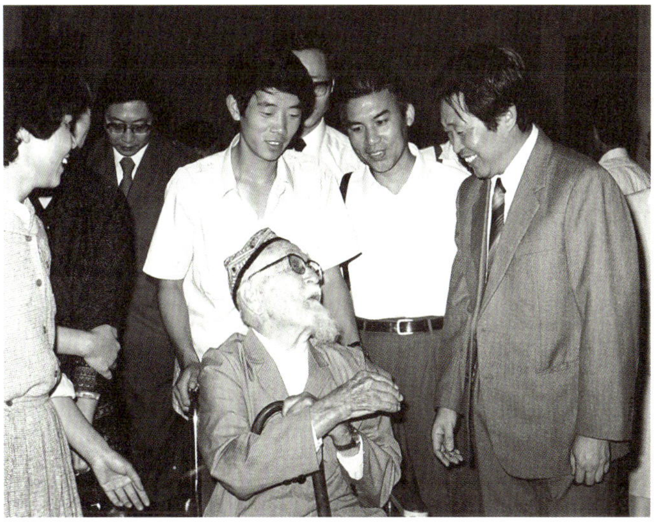

与包尔汉先生在画展上谈笑风生

品全是伪作。类似的现象层出不穷，不仅出版物，还有画廊、拍卖公司都充塞了他的假画，是可忍，孰不可忍？喻继高联系了相关的画家，一方面利用媒体曝光造假现象，共同打假；一方面向省委、省政府呈递了《关于“打击书画市场假冒伪劣”的紧急呼吁》，希望通过政府的行为扼制造假的违法行为。

有一次，喻继高在安徽省太和县看到有人购买自己的5张作品全是赝品，其中有一位工人购的是一张小品。想到这位工人工资微薄，却因为喜欢自己的作品而上当受骗，喻继高心有不忍。他将这幅作品仔细加工修改，又重新敷彩罩色，花了整整半天时间，题完跋文，他幽默地说：“丑媳妇打扮打扮变俊了，可以见公婆了。”令那位工友十分感动。同行友人也感叹道：“真是菩萨心肠，大师情怀。”喻继高就是这样一个实实在在的人。也正是出于抵制假冒伪劣产品，还自己作品的真面目，他萌生要好好出版几本像样画册的规划，让更多的喜爱他作品的大众欣赏到自己的真正作品，不再上当，不再受蒙骗。同时，也是对自己大半生的心血作一次梳理，作一次总结。

2007年4月，他投资一百多万元，在杨柳青画社出版了前所未有的四开本大型高档精装画册《喻继高画集》，入选了他各个时期的代表作品有近三百

与时任中国画研究院院长刘勃舒先生在一起

1988年陪同李可染先生观看作品

喻继高与著名美籍华人艺术家王季千先生在一起

与林凡、何家英、王影合影

徐悲鸿纪念馆馆长廖静文与喻继高合影

喻继高与著名画家徐启雄（右一）、杜滋龄在一起

幅。其中有20世纪五六十年代的早期作品《牡丹蛱蝶》（1956年）、《牡丹群鸽》（1958年）、《和平丽春》（1961年）、《春光烂漫》（1962年），有七十年代创作的成名之作《荷香鸭肥》（1972年）、《葡萄小鸟》（1974年）、《杜鹃山雀》《梨花春雨》（1976年）、《牡丹银雉》（1979年），有八十年代绽放期创作的代表作，如《孔雀戏春》（1981年）、《花中闲趣》（1982年）、《玉兰锦鸡》（1984年）、《瑞鹤图》（1985年）、《孔雀绣球》（1987年）、《春江水暖》（1988年）、《孔雀悦春》（1989年）等，有九十年代鼎盛期创作的作品，如《牡丹双鸽》（1991年）、《樱花鸳鸯》（1992年）、《双鹤临春》（1992年）、《蕉荫丹柿》（1992年）、《花间呓语》（1994年）、《松鹤长春》（1994年），还有走向21世纪辉煌期的代表作品，如《清秋》（2000年）、《秋荷白鹭》（2002年）、《莲塘鹧鸪》（2003年）、《双喜沐春》（2004年）、《瑞鹤迎春》（2006年）、《和平新春》（2007年）、《白鹭颂》（2007年）、《寒玉春晖》（2008年）、《春色满园》（2009年）等，令人震撼的还是收入画册中的巨幅殿堂花鸟画，大多是在世纪之交前后画的，如《梅鹤迎春图》（1993年）、《松鹤长

江南丽春
2007 年　纸本
133cm × 66cm

春图》（1999 年）、《苍松瑞鹤沐朝晖》（1999 年）、《春满神州》（2002 年）、《瑞鹤迎春》（2002 年）等，他曾为周总理居住办公的西华厅绘制的巨幅工笔画《莲花颂》，为天安门城楼创作的《松鹤长春》巨幅花鸟画，也被收入画册中。同时，这本精美的画册，还入选了喻继高所画的团扇、折扇画以及小品画，其精妙的构图、精湛的技艺，呼之欲出的生动形象，真是令人击节叹赏。

值得特别一提的是，随着这本画集赠送的一本摄影画册，书名为《人民艺术家喻继高画传 · 影像人生》，装帧印制也十分精美。画集以大量真实的照片，记录下喻继高受到国家领导人江泽民、李瑞环、贾庆林亲切接见和宴请的场面，以及与军界、政界、文艺界的领导人亲切会见的留影。画集还留下了喻继高与美术界的权威和知名人士，如吴作人、华君武、蔡若虹、李可染、王琦、廖静文、启功、白雪石、史树青、潘絜兹、崔子范、田世光、钱松喦、魏紫熙、宋文治、陈大羽、武中奇、沈鹏、刘大为、刘勃舒等亲密交谈的镜头。当然，其中也留下了他与家乡父老、同学、老师相聚的照片，也留下了他为热情观众签名留念的瞬间，也留下了他在国内外各地深入生活写生、创作的印迹，也留下了他与国外友人艺术交流时的情景。

2007 年 5 月，国家级权威出版社人民美术出版社以“大红袍”的形式出版了《中国近现代名家画集 · 喻继高》，和已经出版的齐白石、李可染、李苦禅、石鲁、傅抱石、何海霞等名家大师为同一规格、同一档次的盒套精装画集在全国新华书店发行。与此同时，北京工艺美术出版社、中国文联出版社、江苏美术出版社、天津美术出版社、江西美术出版社等出版单位相继出版了喻继高各种版本的画集，喻继高如愿以偿地完成了他的第二步规划。

喻继高的第三步规划主要是想做两件事，一件是回到家乡办一次省亲画展，一件是建立自己的艺术馆。前者一直是他的心愿，只是做准备而已；后者的心病是把自己的艺术馆址选定哪里建立为好。

2004 年春天，少小离家求学，定居南京已逾 50 载的喻继高，决定回徐州举办省亲画展，把一生努力的成果向家乡的人民作一次汇报，给父老乡亲一个交代。经过一番筹备，喻继高省亲画展于 4 月 28 日在徐州市博物馆拉开帷幕。徐州市的领导来了，儿时的伙伴——如今已是两鬓斑白的老人来了，乡亲们都想见见这位大画家，也都赶来了。喻继高被浓浓的乡情包围着，他激动地宣布：为报答家乡父老的厚爱，他要为家乡办三件事：一是向市委、市政府捐赠价值 30 多万元的巨制《瑞鹤迎春图》，支持家乡的文化建设；二是向他当年就读的喻庄小学捐赠 10 万元助学金，支持家乡的教育事业；三是特地约请两台大戏，让娱乐生活较少的乡亲们在农忙前开开心，丰富一下他们的文化生活，表示一点心意。

也就在这次省亲画展上，有人提出在家乡建立“喻继高艺术馆”的建议，正合喻继高的念想。此前，也曾有人建议在南京清凉山或六合文高处建喻继高艺术馆，喻继高一直未明确表态。其实他内心早就做出了决定，如果一定要建艺术馆，就建在自己生活和学习过的棠张镇，好让乡镇里的孩子和家乡的父老乡亲能经常看到他的艺术品。喻继高构想艺术馆建成后，除了展示自己作品，还应该有资料馆、娱乐厅等其他文化功能，由政府设立专门机构来管理，免费向群众开放使其成为提

孔雀悦春 1998年 纸本 110cm×346cm

高家乡人民精神文明的文化阵地，成为铜山县及其周边地区中小学提高艺术素质的教育基地。

得知喻继高艺术馆在铜山筹建，前国家主席江泽民同志亲自题写了馆匾，徐州建筑设计院无偿为其设计图纸，南京大学的雕塑家吴为山主动提出无偿为喻继高塑像，一位拥有数亿元资产的民营企业家慷慨解囊，当地政府也给予大力支持，明确要求把喻继高艺术馆打造成精品文化工程。

2006年6月20日，喻继高艺术馆奠基仪式在铜山县棠张镇中心中学举行。2007年12月5日，喻继高艺术馆破土动工。艺术馆在建设中，江苏省委宣传部长

孙志军、省政协主席张连珍等领导曾先后前来视察、调研。孙志军指出，喻继高艺术馆要列入省政府建设工程项目，作为铜山的一项文化产业来抓，推进文化的大发展、大繁荣；作为公益性文化设施，要把喻继高艺术馆的建设和铜山的教育事业结合起来，充分利用这个平台优势，把艺术馆所在地的相关学校办成有美术特色的学校，争取培养出更多有绘画才能的学生；要尽快明确艺术馆的功能定位、管理体制、运行机制，通过多方筹资，共同努力，争取早日把喻继高艺术馆建设成为国内一流的精品艺术馆。张连珍则强调，喻继高作为我国当代杰出的工笔花鸟画家，是徐州、江苏乃至全国艺术和文化领域的代表人物，要把喻继高艺术馆的工程建设作为一项文化事业来抓，让更多的徐州人特别是当地中小学生得到更多的艺术熏陶，推动徐州文化名城的建设。

2008 年是不平凡的一年，我们的祖国经历了南方雪灾、汶川大地震、金融海啸等罕见的重大灾情和考验，也取得了北京奥运会的胜利召开和神七飞船上天等举世瞩目的巨大成就。而这一年，喻继高也经历了与死神斗争、为奥运献礼、金婚圣典、艺术馆竣工、捐赠救护车等一系列大事，也是喻继高人生最不平凡的一年。

2008 年春节过后，元宵节的前一天即 2 月 20 日上午，铜山县人民医院门前，喻继高捐赠救护车的仪式在这里举行。喻继高说，几十年不遇的雪灾让他睡不安稳，总是想到灾区想到农民。他反复琢磨应该为雪灾之后的家乡做点什么，想到偏远地区的农民看病不方便，有的村庄产妇临产了，都是用板车或拖拉机往医院送人，便和家人商量出资 20 万元，捐一辆救护车。喻继高的真情，使铜山县人民医院的院长和医务人员深受感动，当场表示尽最大努力，降低医药费用，提高服务质量，惠及家乡父老。

捐赠仪式结束后，喻继高邀请大伙同去喻庄看看。车队来到喻庄村口，锣鼓和鞭炮便响了起来。吸引众人的是一座仿古式的大院子，扎着大红绸子的门头上写着“喻继高艺术之家”。这是喻继高为村里建造的一座文化活动中心。走进院落，茶花、玉兰正含苞欲放、假山流水的亭榭古朴幽静，十几间展厅错落排列，回廊大理石的墙壁上，刻着喻继高的书画作品以及李瑞环、孙家正、杜平、向守志、李一氓、亚明、启功、林散之、武中奇、言恭达等人赠送给喻继高的题字和书画作品。

在艺术中心的议事厅，喻继高请家里的亲戚备上水果茶点，与村里的老少爷们座谈。他说自己是 77 岁的人了，离开喻庄有 50 多年了，人老了格外惦记家乡。自己只是个画家，并不是大老板，只能尽力为家乡做点事，不周到的地方再逐步完善。

出席喻继高向家乡江苏铜山县人民医院捐赠救护车仪式的领导和嘉宾与喻继高全家合影

喻继高在向家乡江苏铜山县人民医院捐赠救护车仪式上致辞

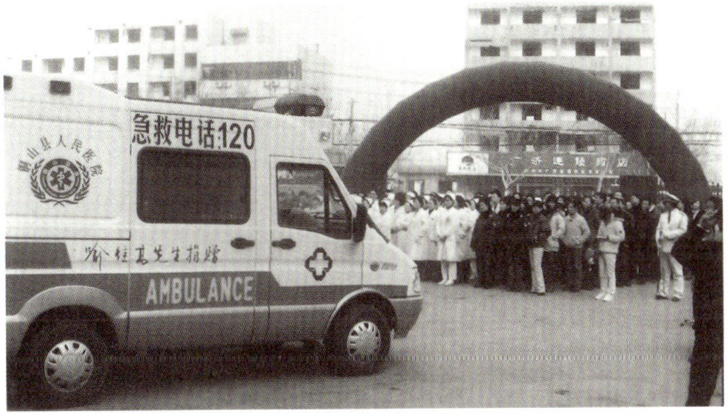

喻继高向家乡江苏铜山县人民医院捐赠的救护车

喻继高、屠美如夫妇在江西峡江福民俊杰学校爱心捐赠仪式现场

喻继高向家乡政府赠送新作

喻继高、屠美如夫妇在江西峡江福民俊杰学校爱心捐赠仪式现场，捐赠10万元

喻继高向南京市浦口区贫困女学生叶露萍捐款并题辞

喻继高在捐助家乡圆梦教育仪式上与被捐助的学生合影

和平新春 2012 年 纸本 45cm×68cm

随后，喻继高又提出去村里看看自家的老宅地。一路上只要有孩子跑过来，喻继高就会停下脚步，问清是谁家的孩子，然后示意夫人屠美如给孩子压岁钱。屠美如早有准备，总是笑盈盈地从包里摸出红包，塞到孩子手里。来到老屋基地，喻继高站立很久，看着只剩下墙基的那堆废墟，他饱含真情地说：“我就在这里长大，这里是我们家的楼兰古城。”说着，便招呼儿女们一起站在那堆石头屋基的黄土上留下了全家合影。

晚上，屠美如来到被喻慧称为“三叔”的邻居家帮忙包饺子。喻慧抢着烧火，喻继高在屋前屋后转悠，沉浸在儿时的追忆中。喻继高为乡亲们请来的戏班子在村头敲响了锣鼓，城里的外甥买来了烟花爆竹在村头的水泥路上燃放，村民们拖儿带女向村头涌来，喻继高和家人们把从南京带来的花灯、灯饰分发给大家，又被喻庄的后生抱上戏台。他双手合十向乡下的长辈、平辈、晚辈一一拜年，他说：“我感谢家乡的养育之恩，我年纪大了，格外想念家乡，越往后，回来的机会越少了，我把女儿、儿子都带来了，让他们好好看看喻庄，记注这块土地是他们的故乡。”浓浓的乡情弥漫着节日的喻庄，大家都陶醉在欢天喜地的气氛之中。

谈到为第29届奥运会在北京的举行准备专用礼品——陶艺挂盘的事由，得从前几年说起。喻继高曾看到过著名画家程十发在瓷盘里画的牡丹，有一种特殊美感，并受此启发开始制作陶艺挂盘。即由他自己在陶盘上创作工笔花鸟，再经过烧制而成为艺术品。在华商会、十运会期间，曾作为珍贵礼品赠送嘉宾，结果，这种精美的挂盘竟然和他的工笔画一样广受欢迎。

2005年“十运会”之后，时任国际奥委会委员、中国奥委会名誉主席何振梁来到南京，喻继高拜访他时即以烧制的《葡萄小鸟》《梨花翠鸟》的陶瓷挂盘相赠。何先生看了非常高兴，觉得艺术陶盘集中国传统绘画艺术和火与土的艺术于一身，融国际性与民族性于一体，既美观又高级，很适合作为礼品赠送外宾，遂向北京奥组委作了推荐。很快，北京奥组委发来正式文件，认为这个创意很好、意义重大，但希望多组织一些知名画家，让世界看到我们当代中国艺术的整体风貌。就这样，由喻继高创意的“中国著名画家陶艺挂盘”这一艺术形式被北京奥组委指定为奥运会专用礼品。

接到创作任务，喻继高立即带着奥组委的文件，分别与刘文西、刘大为、白雪石、范曾、程十发、陈佩秋、刘国辉、冯大中、何家英等著名画家联系，并得到画家们的积极响应和热情支持，都愿意拿出得意之作支持喻继

喻庄文体活动中心大门

假山流水花草亭榭成为“艺术之家”一景

喻继高艺术之家的忠恕堂

喻继高艺术之家回廊大理石墙壁上刻着李瑞环、孙家正、杜平、向守志、李一氓、启功、亚明、林散之、武中奇等赠送的题字和书画名作

高的这个创意，为奥运会在中国的举办贡献自己的力量，向世界展示东方艺术的独特魅力。这批挂盘将制作1200个，由北京奥组委赠予156名国际奥委会委员、202个参赛代表团及第29届奥组委委员每人一件。

就在喻继高精心绘制挂盘，为参与奥运赛事奋不顾身劳作时，病魔却不期而至。这天，他正修改画稿，突然感到胸部袭来阵阵剧痛，豆大汗珠从额头上滚落下来。见此情景，妻子劝他到医院去看医生，可喻继高却不以为然地笑笑说："是老毛病了，没关系的。"直到有一天，他突然有一种虚脱的感觉，不由自主地瘫坐在地板上，脸色苍白，浑身无力，虚汗湿透了内衣，妻子屠美如慌神了，急忙送他到医院救治。

当他从昏睡中醒来时，想立即坐起来，却被妻子按住了："好好休息。"喻继高满脸真诚地对妻子说："制作陶艺挂盘正处于紧张关头，我怎么能躺得住呢？"一旁的医生给他严厉的警告："你的心脏已经做过支架手术了，你还准备做几次？身为人民艺术家，你怎能如此不爱惜自己的身体呢？如果生命没有了，一切都是空的。"医生的话没有错，妻子的关怀也出自真情。但是，制作挂盘不是个人的事情，关系到国家的荣誉。面对死神召唤的现实，他只能只争朝夕，尽快把这项工作做好。为了顺利地完成

喻继高与时任国际奥委会副主席何振梁先生合影。陶盘系喻继高专为第29届奥林匹克运动会制作的礼品

赠送外宾喻继高绘《牡丹和平鸽》礼品陶盘

第29届奥林匹克运动会期间，奥运村村长陈至立向刘鹏赠送喻继高制作的《牡丹和平鸽》礼品陶盘

喻继高、屠美如夫妇在喻庄村口与家乡父老合影

为奥运献礼的任务，他只能置医生的警告、妻子的劝阻不顾，也置自己生死于度外。他一方面与画家沟通，催交所画瓷盘，一方面自己还要精心绘制瓷盘，同时还要往返于上海、景德镇之间，监制陶盘的窑变质量，确保产品优质无误。生命是脆弱的，也是顽强的。发自内心的大爱支撑着他战胜了病魔，使他生命获得了新生。在他的组织下，有 60 多位画家参与这项工作，结果制赠了 3000 多个陶艺挂盘，好像还嫌不够。其制作费用 800 多万元，都是他与陈健先生出资，没有向国家要一分钱。礼品送出后，深得国际友人的喜爱，也得到北京奥组委的表彰。何振梁主席评价这些艺术陶盘是北京奥运会继“金镶玉”奥运奖牌、“祥云”火炬之后，又一个展示我国传统文化的精品。我以为，这是喻继高用生命换来的为国争光的荣誉。

在 2008 年北京奥运会开幕式上，美轮美奂的中国画长卷展现了中华民族悠久文化的博大精深。其中，有一幅历史人物工笔画长卷《大驾卤簿图》长 65 米、高 1 米，反映了乾隆十三年冬皇帝祭天仪式的盛大场面。图中描绘了 3770 余人，有 330 匹马和 248 人的皇家乐队、886 件器皿及 11 头大象，浓墨重彩，气势恢宏。这是跟随喻老学画 20 年的高徒李大成所作。

时任国际奥组委成员刘敬民观赏喻继高和陈健专为奥运会制作的礼品陶盘。左起：陈健、孔庆鹏、刘敬民、柏苏宁、喻继高、韩子荣

说起他们的师生情缘，可以追溯到1990年元旦那一天，喻继高家来了一位不速之客——原南京军区空军某部战士李大成。这位来自福建省连成县贫困山区的小战士，自幼喜爱画画，走进军营依然痴心不改。在南京当兵的日子里，李大成听多了喻继高的名字，也由此突发奇想，贸然叩开了喻家大门，想跟喻老师学画。正在作画的喻继高听见敲门声，放下手中画笔，热情地将客人迎进屋。听李大成忐忑不安地说明来意后，喻继高又看了看他带来的画作，并对他的习作进行点评，从构图到用色，从勾线到用笔，从整体到局部，甚至每一瓣花、每一片叶子都给予非常认真地解说。不知不觉到了吃午饭的时间，喻继高又留下这位小战士在家里吃饭，边吃边聊，随和而亲切。打那以后，李大成的身影便经常出现在喻继高家中，喻继高就像当年他的老师帮助他自己一样，不仅将几十年丰富的创作经验倾囊相授，还不时地赠送绘画材料给这位普通一兵。然而，每当李大成以自己微薄的津贴买一些小礼物或回老家探亲时捎上一些土特产，向老师表达敬意时，便会受到老师的批评："我们不需要那些俗套的礼节，只要你把画学好，多出作品，出好作品，就是对老师最好的报答。"就这样，在喻继高的关心和指导下，李大成的绘画技艺有了突飞

李大成与恩师喻继高在英国伦敦留影

猛进的提高。

随后，喻继高又与解放军艺术学院联系并给原南京军区的领导写信推荐，最终让李大成获得了到解放军艺术学院美术系深造学习的机会。李大成也没有辜负老师的殷切希望，不断创作出工笔花鸟作品多次在全国美展中荣获大奖而成为著名的军旅画家。可以说，李大成的艺术之途浸满了老师的心血和培育之情。

就这幅工笔画长卷《大驾鋆薄图》而言，也是老师信任和力荐、鼓励和帮助的结果。李大成没有让老师失望，在以后的三年时间里，李大成足不出户地在北京一间简陋的画室里完成了这幅杰作。1998 年 10 月，全国第四届工笔画大展在北京中国美术馆举行，五位金奖得主中有两位是喻继高的学生，李大成即为其中之一。

喻继高像他的恩师一样，始终把培养新人作为自己的责任，总是在为中国工笔画的传承有序做无私的奉献。在他的学生中，何止一个李大成，而是对所有向他求教的年轻人都给予同样的热情和爱护。从喻继高的身上，我们看到了前辈大师遗传下来的博大情怀得到延续和光大。

说到师生情缘，还有一段名人之间的拜师轶事值得一提。大约在 20 世纪 90 年代初，有一天喻继高躺在病床上随手翻阅台湾著名画家喻仲林的画集，发现这本画集有很多错处。如鸽子注成斑鸠，月季当成牡丹，而这样的错误竟达几十处之多。他当即写信向出版社反映这个情况，详细更正错处，希望画集再版时予以校正。

时隔不久，喻继高接到了著名画家琼瑶从台湾打来的电话，说这本画集是她的先生平鑫涛为纪念她的老师喻仲林而出版的一本画集，未想到错误如此之多，首先要谢谢老师的指正。她说："我从小喜欢画画，经常与后来成长为台湾名画家的弟弟陈怀谷一起画画，互相研讨、促进。当她写到第 41 本小说的时候，突然感觉很累，就想干点别的。于是，每个星期三晚上去向喻仲林先生学画。入门之后，方觉其中有无穷的乐趣。可惜只学一年，喻先生便驾鹤西去了。跟喻仲林先生学画的日子，也成为她生命中最美好、最值得怀念的光阴。"最后，琼瑶表示欲拜喻继高为师，学习中国工笔画。

听了琼瑶的讲述，得知这位红极海内外的大作家要跟自己学画当然是件好事，重要的是若能收下这位女弟子，将有利于海峡两岸的艺术交流，能为台湾回归做些贡献，喻继高倍感欣喜。可是，海峡两岸已人为阻隔半个世纪，教学、交流将存在诸多困难，三思之后，喻继高直言相告："你想跟我学画，我很高兴。但台湾与南京相距太远，学画恐怕不方便吧！"琼瑶说："没关系的。我每隔一段时间就会去大陆，飞来飞去方便得很，到时候我专门去拜访您。不过，我最怕的是耽搁您的时间。"喻继高真诚地说："你是大作家，时间更宝贵。我随时欢迎你来南京做客。"

后来，琼瑶又几次打电话给喻继高，每次都要提及拜师的事。没有多久，琼瑶到大陆拍摄电视剧《青青河边草》，外景地选在扬州。来到南京，住进金陵饭店，她做的第一件事，就是打电话给心仪已久的喻继高老师。不凑巧的是那天喻继高有事外出不在家，而琼瑶又因拍片过于劳累，身体不适，第二天一早便飞回台湾，两人因此而失之交臂。事后，喻继高埋怨孩子接了电话未能及时通知他，孩子则一脸委屈地说："琼瑶阿姨的普通话说得棒极了，一点不像台湾人，当时根本未想到她就是琼瑶阿姨啊！"

回到台湾，琼瑶给喻继高打电话，说："到了南京我特别高兴，那天晚上我什么事也没安排，专门想与您相见，未能如愿，真是遗憾。"喻继高也满怀歉意地说："真对不起，事先也不知道你要来，我也感到很遗憾，但总有一天会相见的。"放下电话，喻继高寻思着要给琼瑶准备一份相见礼物，想来想去，还是决定画一幅画赠徒为佳。于是，他乘兴画一对鹦鹉立于琼花之中，悠然自得，素雅洁净，画名为《琼

喻继高与屠美如在海南三亚“山盟海誓”前留影

花摇曳笑春风》，深含对弟子琼瑶的挚爱之情。

2008年是喻继高与他夫人屠美如的金婚之年。6月15日，他们在南京东郊的紫金山庄举行了“风雨同舟五十年金婚纪念”庆典。庆典在音像的播放中拉开了帷幕，随着优美的音乐旋律大屏幕上闪现着喻继高和屠美如一路走来的辛苦和欢乐。随处可见的玫瑰和百合花，簇拥着西装革履、精神矍铄的喻继高和身穿晚礼服的屠美如，向来宾们一遍又一遍地致谢，祝福溢满了酒杯，欢乐充满了山庄。

女儿喻慧挽着爸爸妈妈，向双亲送上深情的祝福。这位站在父亲的肩膀上而功成名就的女画家是喻继高夫妇的骄傲。儿子喻勤拿着摄像机，不停地记录下父母金婚庆典中的点滴美好。这位在南京师范大学从事摄影教学的棒小子，打理着家里的一切，可是父母生活中的顶梁柱。孙子毛虫活泼可爱，更是爷爷奶奶的心肝宝贝，给这个家庭带来了无限的欢欣和快乐。

在亲友的祝福声中，喻继高和屠美如互赠了金婚礼物。这份礼物是精心准备的一对手表，有互表衷肠之情，亦有珍惜光阴过好每分每秒之意。在浓情厚意之中，喻继高总结了他一生“三不变”的信条：对党的忠诚永不变，对花鸟画的痴情永不变，对家庭的真爱永不变，博得一阵热烈的掌声。屠美如仿佛又回到了50年前那场简单的婚礼，当年共同写下的“爱情宣言”在50年后的金婚庆典上得到见证。在她的心目中，喻继高是一个顶天立地的汉子，他用一生践行着他的誓言，是一个一言九鼎说到做到的大写的人。她由衷地感谢初恋，纯洁的恋情使她拥有了人间真情，拥有了美满幸福的家庭。她深情地凝视着陪伴她度过了50年相濡以沫的亲人，吐露了自己的心声：一是希望他再留下几幅经典传世之作；二是希望他抽出时间陪她出去走走，去享受世界各地的美丽风光。

2008年10月，喻继高和屠美如乘上了飞往美国的航班，开始了他们的蜜月之旅。他们观光了美国的多座城市，走访了许多美国家庭，感受着大洋彼岸的风土人情。最开心的还是和屠美如在美国定居的弟弟、妹妹们相聚的日子，大家一起包混沌、一起野炊、一起爬山，一起享受着亲人团聚的天伦之乐。

2008年8月20日艺术馆主体竣工。该艺术馆占地20亩，其中展馆四层，建筑面积2642平方米。院中有池塘、凉亭、曲桥等建设，东西两侧各有60多米的碑廊。一楼展现中国工笔花鸟画的发展史及各个历史时期工

开心的笑容

喝着交杯酒，幸福到永久

风雨同舟五十年金婚纪念

喻继高在徐州三中 60 周年校庆活动现场

喻继高向母校捐赠艺术挂盘

喻继高在徐州三中门前留影

笔花鸟画代表人物的复制作品，体现中国工笔画的传统文脉。二楼展出喻继高各个时期的精品的仿真画，每年定期展览部分原作。三楼设立教研中心、创作中心等，开展工笔画的教学、研究和创作活动。四楼为讲座、集会、研讨场所，设有茶座。面对比江苏省美术馆还要雄伟高大的建设，喻继高真诚地向工作人员发出感慨：“艺术馆只为个人树碑立传，那就太小气了。要考虑长远地为大众服务，为培养人才服务，艺术馆要有综合功能。”根据喻继高的意见，大家达成了共识，即要把艺术馆办成中国工笔花鸟画的研究机构，以收藏、展览喻继高作品为主，同时收藏、展览其他名人字画、文物和艺术品；办成学校传统文化教育与青少年素质教育的基地，充分发挥教育的辐射功能，扩大影响。

2009 年 3 月 9 日，徐州市第三中学迎来了她的六十华诞，迎来了全三中师生骄傲的校友喻继高。校庆活动主持人、徐州三中副校长热情洋溢地向全校师生介绍了喻继高的艺术成就。喻继高向母校赠送了由本人绘制的、学生烧制的瓷瓶艺术品一百件，29 届奥委会制作喻继高《琼花交凤》《白鸽牡丹》艺术陶盘各一件，《中国工艺画大师喻继高画集》《喻继高艺术之路》画册各一百本，天津杨柳青出版的《喻继高画册》收藏版一册，2008 中国著名画家的《丹青陶韵》精美画册两本，还为母校 60 年校庆题写了贺词。

喻继高回顾了当年在徐州三中求学的青春岁月，表达了对昔日师友的无限感激和怀念之情，对学校的今昔巨变感慨万千，同时他还寄语千万学子，希望他们珍惜宝贵年华，刻苦学习，奋发进取，将来成为国家有用人才。在这次活动中，最令喻继高激动和开心的，还是他见到了当年的引路人，龚一展老师，阔别六十年的岁月没有冲淡他们之间的友情，彼此亲切地交谈着分别后各自的家庭、事业、人生之路，互道珍重，情深意长。

行笔至此，似又让我想起喻继高这个自幼家境贫寒的少年，一步步走向成功的履痕足迹。喻继高的人生是辛苦的，也是幸运的，是平凡的也是辉煌的，是善良的也是快乐的，是大度的也是无悔的。中国工笔花鸟画会会长潘絜兹先生生前曾以“藏头诗”，高度评价喻继高的艺术人生，诗云：

喻世清新味隽永，
继往开来画中情；
高瞻远瞩民族魂，
大道无形写丹青；
家国和谐攀高峰，
气吞山河笔如椽；
度量无边墨海行。

每一句诗的第一个字连起来读，就是“喻继高大家气度”，说他的画风是清新隽永，人品是度量无边，走的是继往开来的大道，弘扬的是民族精神，赞颂的是家国和谐，追求的是永攀高峰，潘老先生高屋建瓴地写出了一个人民艺术家的高风亮节和矢志不渝于艺术的大家风范。

喻继高是一位典型的变革不忘传统、继承而能创新的现代艺术家。他的艺术代表了当代中国工笔花鸟画的最高成就，他的艺术实践与作品探索了中国工笔花鸟画发展的一条可行之路，影响了一个时代的工笔花鸟画风，其中有很多值得总结和参照借鉴的宝贵经验。近年来，喻继高的艺术成就更为世所瞩目，已越来越受到国内外有识之士的重视和好评。2011 年 6 月，中央电视台科教频道“人物”栏目播出《画家喻继高》专题片。10 月，他被英格兰皇家艺术基金会聘为永久学术顾问。2012 年 8 月，第 30 届奥运会在英国伦敦举行期间，喻继高赴伦敦参加了“2012 奥林匹克美术大会”，其参展作品《瑞鹤迎春》荣获金奖；同时，加拿大温哥华国际画廊为其举办了“喻继高工笔画赏析会”。2013 年 1 月，他又荣获了江苏省首届“紫荆文化奖章”和江苏省 2012 年度十大中华文化人物称号；5 月他再次受到原党和国家领导人江泽民主席的接见。

艺海无涯，永远是一种“苦作舟”的漫长劳动。它是一种自觉，一种本能，一种宿命。艺术的光芒，即生命的光芒，已是一种习惯，喻继高的这种习惯已经形成。他把曾经的生命，注入了丹青，换来了生动的花鸟世界，换来了鲜活的花鸟万象。面对鲜花与掌声，年逾80高龄的喻继高已澄如秋水、淡如春池，而对人生和艺术的挚爱，仍在激情与亢奋中。他仍在画殿堂花鸟画，仍在花鸟画领域里开拓，他要和时间赛跑，他要和生命只争朝夕，用他的创造力继续播撒着无疆的大爱。

艺术大师总是以带给世界新的东西为目标，终极使命是引领时代，喻继高走在艺术大师的路上。他的艺术为中国画的发展所开辟的一条出路，实际上是具有跨时代性价值的。历史会证明，喻继高的重要性一定会与齐白石、黄宾虹等写意派大家一样，受到应有的挖掘和评价。

2013年5月完稿于北京王府花园

2010年3月，喻继高在延河大桥畔留影，远处背景是延安宝塔山

气势宏伟的喻继高艺术馆主楼

喻继高艺术馆一景

喻继高艺术馆开馆典礼现场

喻继高雕塑像

喻继高陪同嘉宾参观正在建设中的喻继高艺术馆

寒玉春晖 2006 年 纸本 56cm × 56cm

新春 2005 年 纸本 68cm × 68cm

锦鸡白牡丹 2014 年 纸本 100cm×240cm

碧桃白鸽
1994 年　纸本
58cm × 58cm

琼花娇凤
1996 年　纸本
58cm × 58cm

玉兰黄鹂
2001年　纸木
56cm × 56cm

梅花绶带
2004年　纸本
63cm × 63cm

蕉荫丹柿
2010年　纸本
84cm×39cm

汗颜

喻继高

年逾九十寿，
始觉己无知。
琴筝听不懂，
汉字多不识。
只会画花鸟，
汗颜称大师。

恨蚊子

喻继高

五一上南大，
宿舍蚊子多。
彻夜难入眠，
蚊子吸我血。
无钱买蚊帐，
痛痒无奈何。
白天学画画，
感到无比乐。

人民美术家·喻继高卷

艺术心语 »

工笔花鸟画的写意精神

文／喻继高

提到中国花鸟画，约定俗成人们很自然地把它分成工笔花鸟和写意花鸟两大类，对“写意画”的提法，我个人觉得不妥。这个画种的主要特色是用水墨画在生宣纸上，纵笔挥洒，墨彩飞扬，抒发作者的感情。水墨画是在长期的艺术实践中逐步形成的。五代徐熙最先用墨色写花的枝、叶、蕊、萼，然后略施淡彩，开创了徐体的“落墨法”。唐代王维提出了“水墨为上”的主张，创造了笔意清润的“破墨山水”。唐、宋人画山水多用湿笔，出现了水晕墨章的效果，从元代开始，用干笔，墨色更多变化，出现了墨分“五彩”的艺术效果。明代徐渭一反勾染烘托的表现手法，以泼墨法写出了墨色牡丹。清代的八大、石涛、李鱓，直至近代的吴昌硕、齐白石等都是运用笔墨的“意”“势”迹化为画中的艺术形象，在充分感受到对象的动态气势、节奏韵律的基础上，用相应的笔意、笔势去表现。例如傅抱石描绘峡江石壁，运笔时以淋漓的水墨，纵横的笔法、弥漫的气势，通过笔墨的节奏把他所感受到石壁气势的意蕴表现出来。再则，水墨画多以书法的笔法作画，同时它的用笔也极大地丰富了书法的表现形式，所以“写意画”家多半是书法家。如郑板桥擅长书法和绘画，相互参融，以书法性的笔法作兰竹，风格明快、刚劲而俏丽。为此我认为“写意画”的特色是以水墨为工具，应当称之为“水墨画”。水墨画的提法与其他画种名称（与工具相匹配）如工笔画、油画、版画、水彩画等也是一致的。

“写意画”讲究意，主张神似，我承认。但写意精神不是写意画的专利。有人

喻继高与画友毛逸伟、朱葵、赵文元、范保文、卢星堂在一起

说，写意画较工笔画更能体现所描绘景物的神韵，甚至有人将董其昌的论述断章取义："画山水唯写意水墨最妙。何也？形质毕肖，则无气韵；彩色异具，则无笔法。"由此认为：工笔画因色彩而无气韵，无笔法。这种提法我不敢苟同。因为我理解董其昌此语是仅就画某些特定的山水情景而言，不应该笼统地把它作为"写意画"和工笔画的主要区别。

现在我想谈谈个人对工笔画写意精神的认识。中国文化是一种具有诗性气质的文化，它是用一种审美态度对待自然、看待世界，"天人合一"的思想，就是说，人与宇宙万物之间，不是主客的观照，而是身心的契合，是生命的圆融为一。它在本质上具有美学特征，整个中国文化在最高层次上都是这种生命精神的表现。

古人说作画必先立意，无论工笔画、写意画都有立意的过程。将天地自然视为美的对象，这也许与我生长的环境有关。我从小在农村长大，捕鱼捉虾，逮雀追兔，心灵穿透时空的表象，感受生命深层的脉动和咏叹，它化作喁喁私语的小鸟，化作亭亭玉立的花朵，在我笔下的荷花、牡丹、梨花、春燕，都是对自然蓬勃生机和新

喻继高向国际友人介绍中国画

喻继高在纽约中国书画会上发言

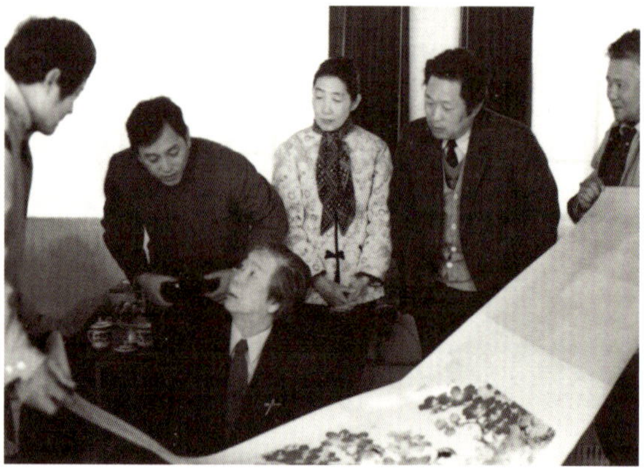

日本著名画家高山辰雄观赏喻继高的画

与瑞士小朋友合影

时代昂扬诗情的颂扬，是一种对大自然真切强烈的审美感受。记得在 1976 年 4 月从瀏江至武汉，在东湖十里堤岸，我目睹了梨花胜境，心情激动。在一片雪白无瑕，生机勃勃的银色世界里，细雨蒙蒙，我独自撑伞徘徊于花径，那种妙悟自然、物我两忘的感受至今难以忘却。复瓣梨花，在中国绘画史上还很少有人涉及，我从晨至暮，没喝一口水，粒米也未进。只怕仙境难遇，狂想断线。记得那年那月，正值中国政治风云极端动荡不安的日子，带着独特而复杂的情绪，正是“感时花溅泪，恨别鸟惊心”。《梨花春雨》的原始稿就是在此基础上产生的。在这一片纯净、祥和、清新的世外桃源，双燕在花瓣纷落似雨中展翅飞翔，预示着狂风不可遏制春天的到来。后来此画入选第七届全国美展并荣膺铜奖。应该承认工笔重彩比水墨在最充分的自我表达上有可能受到一定的局限，但它并不能说明工笔重彩不能从客观物象的描绘中获得最大的表现性。正像不是所有的水墨画都写出了“意”一样，也不是所有的工笔重彩都不能“写意”。我很同意潘絜兹先生的提法：“工笔和写意两大流派形式手法虽异，精神实质实同，即都是‘写意’的。工笔是笔工而意写，勾线着色不是死描平涂，而以写法出之；写意是笔写而意工，意存工谨，笔不妄下。”

形与神一直是中国画的灵魂。捕捉感觉中的那种真实恰恰是“以形写意”的另一种表述，我觉得画家也是诗人，在我的花鸟世界里，着意描绘的不仅仅是花、鸟，就像婉约派诗人营造的是诗境，它源自生命基底的真切呼唤。画

香港画展期间与友人合影

乡亲们要求喻继高表演“兄妹开荒”小剧

2022 年 9 月 7 日，“喻继高艺术成就与二十世纪中国工笔花鸟画发展学术研讨会”在中国国家画院举行

2021 年 11 月 6 日，在中国美术馆“春满神州——喻继高绘画展”上与嘉宾留影

心、画意、画情，这是一种灵的境界，心灵的时空蕴涵着一种深深的永恒的精神期待。无论是花萼、花蕊，叶脉、叶茎，它的生长、转折，不再是单纯的自然形态；它的深、浅、浓、淡，都在表现自己的情感与意趣。用花之美、鸟之神，雨露、晨雾来描绘，升华为一种艺术境界。这种生命精神不能由任何逻辑语言加以表述，只能通过画家本人的审美观和艺术修养才能得到完美的表达。

《春满神州》（2002 年）是我迎接新世纪来临的作品。一年四季我最爱春天，那洁白如玉、晶莹透亮的玉兰的绽开吹响了满园春色的第一声号角；清香暗馨如梨花带雨的白里透红的海棠花在微风中轻轻地摇曳；象征着圆满、浓情的牡丹相映其中，如火如荼的花团中飞舞着成群的蜜蜂、蝴蝶；晴朗、温馨的天空，吹拂着柔和的暖风，散发着土香、草香、花香的气息，弥漫着鸟儿动听的乐曲，百花齐放，大地回春，一片欣欣向荣、多姿多彩、全方位的春天的氛围。

《白鹭颂》（2007 年）是我的一幅新作。河滩芳草萋萋，一群白鹭飞来，宛

白露颂 2007年 纸本 80cm×202cm

如白云落下，在青草丛中时隐时现。它们在小溪旁轻歌曼舞，一副悠闲自在的样子。远处，一轮圆日冉冉升起，透过薄雾，白鹭有的在野田水洼中觅食；有的在精心梳理打扮自己白色的羽毛；还有的夫妻相守相望，共筑爱巢。白鹭又称鹭鸶，是一种非常美丽的水鸟，它天生丽质，身体修长，有很细长的腿，比起我常喜画的仙鹤，更小巧秀美，洁白如雪，非常入画。它们悠然自得，平和安详，一幅自然和谐的美景使人感受生命也如此美好。在美的自然中，我深切地体验到了生命的自由、活力和灿烂。

在我的创作历程里，我所追求的是一种审美精神，心灵之窗向自然、向人生、向社会敞开。我曾经不畏路途遥远，跋涉数千里去四川峨眉山寻觅寒带杜鹃；在牡

丹之乡菏泽清晨单骑数十里，赶在太阳升起之前等待牡丹开放，直到日落不知倦息。将天地视为美的对象，“虚以待物”，探寻瞬间即逝的自然真美，捕捉微妙的生命感觉，提炼升华自然的美是我的一生追求。在我的笔下一再出现的玉兰、碧荷、梨花、春桃、木棉、杜鹃、松鹤等题材，表现出我对这些特定题材的浓厚兴趣，呈现我对自己“故乡家园”的深深眷恋。幼时躺在老舅的大梨树下听说故事的惬意；黄河古道一片片盛开的桃花千里闻香，时时闪耀在我的眼前；我在记忆中追逐那些稍纵即逝的印象；我在心灵中复原那些曾经让我难忘的感动；我用想象去描画那些现实世界不能实现的梦想；同一个题材不同表现形式的反复推敲与摸索，使我永不感到满足。

中国花鸟画具有民族的美学性，中国人民喜爱花鸟，这些年我时时为群众对我

2013年3月5月22日，江苏省委书记、省人大常委会主任罗志军，江苏省委副书记、省长李学勇，江苏省宣传部长王燕文，江苏省副省长曹卫星等领导亲切接见江苏宣传文化领域最高奖“紫金文化奖章”获得者喻继高等，并合影留念

2006年11月7日，江苏省领导与出席全国第八次文代会、七次作代会的喻继高等艺术家代表合影

的偏爱而感动，我也时时想多出新作、佳作。我想并不是群众对我情有独钟，而是人民在审美和艺术中找到了他们的精神寄托。对大自然的讴歌，对生命的赞颂，对美和爱的咏叹，唤起人们热爱生活、热爱劳动、热爱乡土、热爱人民的美好感情。因为花香鸟语、春华秋实是大自然的赐予，更是世世代代劳动人民血汗浇灌的祖国沃土的绿色生命。在中国画家眼中，万物有情，用一颗人民艺术家炽热的赤子之心，把祖国的一草一木，用无声的诗，画出最美的画，让大众听到画家的心声，他对祖国、对人民是爱得那样真挚和深沉，一笔一画都充满了感情。用我的笔让人们感受到时代的脉搏的跳动，感受到中国传统文化的生命精神，这就是我一生奋斗的最终目标。

喻继高与著名绘画大师刘文西、许勇、赵华胜、毛逸伟在延安

2021年11月6日，“春满神州——喻继高绘画展”在中国美术馆开幕

秋菊傲霜
2008 年　纸本
133cm × 66cm

宋人诗意图
2014 年　纸本
106cm × 60cm

丹顶承日沐金秋 2012 年 纸本 68cm × 136cm

远眺
1994 年　纸本
63cm × 63cm

梅菊双绶
2003 年　纸本
50cm × 50cm

玉珠雪羽
1992 年　纸本
68cm × 36cm

《群雁来归》图赏析

文／喻继高

《群雁来归》图是南京师范大学美术系杨建侯教授的一幅丈二的巨作，画了一百只鸿雁，在瑞雪纷飞的天际，啼鸣归来，其势如山洪倾泻，气势磅礴，有着象征的寓意和强烈的艺术感染力。可以说，杨老的这幅杰作与历代名家相并而为我国优秀工笔重彩花鸟画之瑰宝，是当之无愧的。古代的许多画家也常把雁作为描绘的题材，如清代的边寿民就是以画雁见长，但与杨老的《群雁来归》图较之，其立意、其意境，其构图、其神韵是远远不可及的。

先生不仅有传统绘画的线描功力，又有西画造型的高超技艺。因而他画的雁千姿百态，有变化而不雷同。一百只雁表现在一幅画面上，若不采用西洋画的透视方法是很难处理得当的。同样是雁，也有主次之别，并不平分秋色，而是把正面飞下来的五只，作为主要描绘的对象，画在画面的重要位置上，占有较大的空间，其他则由远及近，由小及大，由上及下，从虚到实，采取从正面直飞而来，突出表达了“归”字的主题，同时扩大了空间深远的效果。下部的芦塘里还有数只雁已先落了下来，即已先归，安详自得，有的仰望，有的展翅，如似等待着正在归来的雁群，形成上下呼应的热烈气氛。洁白的雪花，洒落在苇叶上，而芦苇则大胆地采用了写意方法，更感豪放，加强了用笔的粗细对比作用。一两朵盛开的朱砂山茶隐现在苇丛中，不但巧妙地点出了大地回春之意，同时更增加了画面的色彩效果。这幅画在色彩的运用上，以储石色为主调，再加上雁翅的黑与白，显得凝重大方。另外构图

杨健侯作品·群雁来归
1950年　纸本
283cm × 146cm

的诸法则无不运用得巧妙得当。动与静、虚与实、远与近、大与小、露与藏、主与次、对比与调和，相互调和、相互间的呼应，处处相得益彰。其透视还采用了高远与平远相结合的办法，使得有限的画面让人感到有无限的空间，整幅画充满丰富而美妙的音乐般的旋律与节奏感，而达到完美的艺术境界。这是先生对工笔花鸟画的革新贡献，也践行了徐悲鸿先生所倡导的“古法之佳者守之，垂绝者继之，不佳者改之，西方绘画之可以采入者融之”的主张，是杨老在艺术实践中作出的典型范例。这里我认为还应提到的是，杨老在这幅画上并不拘于细节的描绘，工笔画是以工整细腻见长，有的同志往往误认为工笔就是细，一味在追求细上下功夫，处处着力，吃力而不讨好，忽视了整体的效果。而杨老的这幅画首先是考虑整体而不去单纯描绘细节。照传统的办法，工笔画法必定细细丝毛，而这张画却一只也没丝，这可减去冗杂繁笔，更感精练一体，远处的雁则用干笔画成一种淡灰色，翅也无须画清楚，这样正是合乎传统的“远山无树，远水无波”的处理法则，远远地隐现在茫茫飞雪之中的雁群，更感含蓄而富有意趣，比之一览无余的处理要高明得多，给观者留下了充分的联想余地，画外有画，余音袅袅，余味无穷。

中国画历来不以物象的形为满足，而是追求韵，以求达到“形神兼备”的境界，讲究“出新意于法度之中，寄妙理于豪放之外”，动人之处不在物象之形本身。而在形象所传达的深刻感情。杨老的这幅画正是深刻地表达了以景写情的艺术境界。

人民美术家·喻继高卷

缅怀师恩 >>

老师，您永远活在我心中

文／喻继高

这是恩师陈之佛先生去世后的第五十五个年头，数十年来，我一直怀念恩师。在我心目中他是人世间最好的人，虽然说金无足赤、人无完人，但我认为他就是完人，完完全全的好人。他学识渊博，慈祥谦和，敬业多思，诲人不倦。我一生最大的幸运，就是能跟老师学习工笔花鸟画，他的艺术从一开始就深深地打动了我，使我立志终生不渝地走完画好工笔画之路。

老师是近代杰出的工笔花鸟画家、工艺美术家、美术教育家。他鉴于中国工笔花鸟画三百多年来的没落而奋志振兴。他四十岁后开始作画，在有生之年创作了数百幅精美工笔花鸟画，为我国优秀传统艺术的振兴作出了不可磨灭的贡献，他的艺术永垂青史。

1951 年我考入南京大学艺术系美术专业。初入学时，系里召开迎接新同学会，只见一位风度翩翩、慈祥谦和的教授出席欢迎会并致欢迎辞，他一口的浙江慈溪话，我甚至一句也未听懂，但他对我们班七位新同学的热心关怀使我无限敬仰，高班老同学告诉我，那位就是陈之佛先生。

第一堂中国画课是傅抱石先生上的。傅老带来之佛老师画的一本册页，上面画了碧桃小鸟，是那么精美，碧桃花是用朱砂色画成，留出空白线条，它深深地吸引了我的视线，深深地冲击着我的心弦，真可谓是“一见钟情”。

抱石老师教我们中国画课，从打基础开始，也画石膏像，练习造型，练习勾线条，

在恩师陈之佛先生诞辰110周年纪念会上，喻继高深切怀念老师

临摹《故宫周刊》上刊登的名画，临摹《八十七神仙卷》，也临摹之佛老师的画。南京大学的南高院是徐悲鸿先生主持艺术系十八年的基地，二楼是美术陈列室，我入学时，陈列室里还陈列有徐悲鸿先生的名作《愚公移山》《奚我后》《九方皋相马》，有傅抱石先生的《山鬼》《湘君》《湘夫人》《屈原》《歌乐山之雾》，还有陈之佛先生的《青松白鸡》《玉兰喜鹊》，等等。初来时由于年龄小，还未真正接触到艺术，因我童年时代在农村生活，常常和小伙伴摸鱼捉鸟之故，最能吸引我的还是之佛老师的画。于是我在课余时，常常去借老师的画来临摹。开始时多是些较小篇幅的册页，如《柳荫鸣蝉》《牡丹蛱蝶》《寒梅冻雀》等，后来也临摹了《蕉荫白鹅》《秋菊白鸡》《月季白鸡》《蔷薇双鸽》，等等。他那流畅的线条、淡雅的设色、生动的造型，张张作品令我倾心不已。我觉得老师的画要能给家乡的父老乡亲看到该多好，我下定决心好好地学，相信总有一天会做到。

新中国成立初期，正值革命高潮，一切文艺强调为革命、为政治、为阶级斗争服务，“左”的思潮认为中国画是封建社会的产物，不科学、没有质感、量感、立

恩师陈之佛

喻继高

恩师陈之佛，
德艺称楷模。
教我工笔画，
画坛展宏途。

恩师陈之佛先生在作文

体感，花与叶怎么为革命服务？全国各高等院校都把中国画的教学删去，一些人对画中国画的人进行无情的攻击与打击。在这种情况下，很长一段时间里老师的思想都很苦闷，他说，学校要不给我发聘书，我就到南京大学大门口摆香烟摊。我那时年轻，什么都不懂，只知道陈老师的画美，课余时常到老师家看老师画，也帮老师磨墨牵纸。老师也非常关爱我这个从农村来的学生，常常给我些纸笔颜料，鼓励我好好学习。

老师原名叫陈绍本，在重庆开第一次画展时署名陈之佛，当时熟悉他的人还问他陈之佛是谁，画画得那么好，怎么没有听说过此人，老师笑而不答。因为那时老师已是四十岁的人了，他初画时怕被来的客人看见，经常躲在卫生间里画。抗战时期重庆生活十分困难，微薄薪金很难够生活开支，师母常常背上背着孩子，给人家洗衣服，换几个钱，补贴家用。老师生活十分简朴，一套呢子中山装还补着洞，吃食也非常简单。老师作画、工作十分勤奋，他几乎没有休息的时间。在校时，我给他统计了一下，共兼二十六个职务，他一生没有午睡的习惯，我想他是舍不得时间午睡呢，老师常说自己作画是最好的休息。

1952 年夏，全国高等院校调整，南京师范学院独立出来，校址迁到宁海路原金陵大学女子文理学院校址。老师也随校迁到宁海路东瓜市学校斜对面路东的小楼内，地方并不大，书房内放不开大画桌，老师常常把一块板搭在办公桌的头上作为画桌，像《和平之春》等作品就是在这样的条件下画的。老师的许多画裱成卷轴，放在床下的箱子里，床上的墙面总是挂着一幅《梅花群雀》的横披，历时多年不换。我和本班的几位同学总想多看看老师的作品，有一天，我们全体去了他家，老师从床下的箱子里把一幅幅画打开给我们看，边看边讲，实在是难得啊，老师见我们那么喜欢他的画，心情也十分快慰。

那时我一有空就跑到老师家，看他画画。他画梅花要点花蕊，有时会漏掉几瓣，我就帮着仔细找，真是幸福啊！有一次老师给大英博物馆画一幅梅花，他正在起稿，反复修改，我也帮着动脑筋，为了一个枝干的穿插，整整忙乎了一个下午，我觉得很满意了，可是我第二天再看到时，他又作了修改。所以老师的画耐看，百看不厌。他是在构思、构图、色彩、造型上下了大功夫的，古人云“搜尽奇峰打草稿”“九朽一笑”在这点上老师做得是最完美的，他常说一枝一叶，加之不得，去之不能，意在笔先，创作态度十分严谨，在这点上使我受益匪浅。我们班上只有七位同学，一间教室内，只有七个人上课，可以想象，空位子太多了，但是老师讲课、画图从来没有一点马虎。堂堂课上满，每一个图案都在黑板上画。有一次上课前我和同学陆盘本在教室外面的路上追逐嬉戏，由于跑得太快了，被地上的细砂滑倒，猛跌在地，腿上、手掌上、胳膊上砂子全进肉里去了，且渗出了血。当即到医务室去，医生用酒精洗净，抹上紫药水，上了绷带，我们好像两个从前线下来的伤兵，挺难为情地走到教室，同学们看到都好笑，我们也十分自责。老师却关切地问疼不疼，说“这堂课我抽空给你们补上”。

四年的大学生活，是人生的关键，党和政府还有敬爱的老师把我这个从农村来的学生培养到大学毕业。1955 年夏，就要离开可爱的母校了，心情总是恋恋不舍，陈之佛老师、傅抱石老师等都一一同我们合影留念，至今我还保留着同老师的合影，每每看到他们那慈父般的笑容，心中有着无限的敬仰与惆怅。

我毕业后，被分配在江苏省美术工作室，没有离开南京，那时老师已调到南京艺术学院任副院长，家址迁到丁家桥校园内。1959 年北京筹建人民大会堂，江苏厅要布置一些画，其中要有两幅花鸟画，领导说：“继高，陈老年龄大了，要画那么大的画，得有人帮助，你就去帮助老师吧，今后你就好好地跟老师学工笔花鸟画吧，这方面也没有人继承，别的画也不要再画了。”这正合我意呀！每天一大早我就到

秋菊白鸡（临陈之佛） 1979年 纸本 82cm×40cm

南艺会议室里帮着老师创作《松龄鹤寿》，后来被苏州绣成双面绣大屏风，陈列在北京人民大会堂全国人大常委会委员长接待厅里。

1961年底，老师从北京回来，他因写中国工艺美术史，在北京香山住了半年。回来时正值寒冬，加上他过于劳累，突然患了脑出血，在铁道医学院医院抢救了七天，未能挽回其生命，就匆匆离开了人间。我伤心至极，帮着治丧，用大红漆棺木将他安葬在南京城南雨花台的望江矶。那是1962年，老师享年66岁。老师走后，在艺术上，我像孤儿一样，再也不能向他请教画工笔花鸟画的问题了。泪沾衣襟时我暗下决心，继承老师未竟事业，把老师的精湛艺术继承发扬下去。数十年来，我虽然经过多次风风雨雨，却对画好工笔花鸟画坚持不渝，我想这也是向老师交上的最好答卷。老师，您永远活在我的心中。

喻继高和江苏省国画院画家们同著名画家钱松喦先生在南京玄武湖公园

江苏省国画院画家与日本著名画家平山郁夫在一起。前排左起：喻继高、宋文治、平山郁夫夫人、平山郁夫、魏紫熙、亚明等

春江水暖
1998 年　纸本
120cm × 68cm

果熟来禽
1984 年　纸本
83cm × 30cm

牡丹银雉
1998 年　纸本
138cm × 83cm

春和景明 2005 年 纸本 60cm × 80cm

秋池憩鸭 2007 年 纸本 60cm × 80cm

双燕迎春　1997 年　纸本　直径 46cm

牡丹小蜂 1992 年 纸本 45cm × 45cm

工笔花鸟画家喻继高深情回忆：——我的恩师傅抱石先生

傅抱石先生是我国现代中国画巨匠，举世闻名，不仅艺术成就卓越，而且为江苏省国画院的首任院长，开创了新金陵画派的辉煌。在傅抱石先生诞辰113周年和逝世52周年之际，当代工笔画领军人物喻继高回忆与恩师傅抱石先生教学时代相处岁月中的真淳与无私，幸运与温馨。这份情感，没有随着时间的推移而疏远、淡忘，相反却日益亲近，日益清晰。

1952年夏，喻继高高中毕业，考入南京大学艺术系，幸运地得到当代著名艺术大师陈之佛、傅抱石先生亲自授业，陈之佛先生任该班花鸟画图案学、色彩教学，抱石先生任中国画教学。当时该年级只有7名学生，老师要亲自来教中国画课。

20世纪50年代解放初期，文艺思潮“极左”，又由于受意大利和法国以及苏联美学思潮的影响出现一边倒的倾向，以对达·芬奇、米开朗琪罗、苏里柯夫和列宾的推崇来贬低东方民族的艺术传统。说传统绘画不科学，不合透视，人物没有解剖关系，没有质感、量感、立体感。攻击中国画是封建社会的产物，不能反映现实生活，要把中国画教学停掉，要画中国画的老师改画漫画，搞木刻。有的艺术院校甚至取消中国画，改称彩墨画。傅抱石先生是在这样境况下，毅然决定亲自担任喻继高这个班中国画教学的，而且从一年级送到四年级毕业。高年级同学知道后都很羡慕，因为傅抱石先生学识渊博，以前只教美术史论，从未教授过中国画。

在恩师傅抱石百年诞辰作品展开幕式上，喻继高作热情洋溢的讲话

第一次上课是在六朝松旁梅庵的一间教室里。抱石先生走进来，只见他修长的身材，穿着一件普通的灰色竹布长衫，带着一本陈之佛先生画的册页，四方脸上嵌着一双深邃的眼睛，时时闪现出只有学者才具备的那种神采。“今天先考考你们，每人都说说中国历史上有哪些大画家？”先生问了各人的名字后说。喻继高他们都默默低下头，竟然没有一个人能说出画家名字来。先生没有责怪，微笑着说：“好，一张白纸，可以画最新最美的图画！我一定教好你们。”

为了给大家增添信心，抱石先生教同学们背诵李白的《将进酒》诗，对于其中“天生我材必有用”一句，抱石先生专门作了解释，鼓励大家立志成才，做一个对社会、对国家有用的人，并讲了毛主席《在延安文艺座谈会上的讲话》精神。

喻继高是幸运的，他以自己的质朴和勤奋赢得老师的信任而当上了中国画课的课代表。抱石先生非常健谈，他讲徐悲鸿先生如何勤奋，天一亮就起来作画；他讲敦煌壁画如何被盗卖国外，八国联军怎样抢掠中国宝藏；他也讲唐伯虎如何来南京会试考中第一名，又在京试中受诬告。

空闲的时候，抱石先生也谈自己。那是他刚入小学后不久，发现同学们的书包里都携带着一本小字典，每遇到不认识的字，翻开字典一查便知，他很想拥有一本和同学们一样的字典。由于家境贫寒，他虽哭闹多次，父亲也没允诺给他买。后来他生了一场大病，高烧中仍念着要一本小字典。父母觉得孩子实在可怜，便把字典买来摆在他的病床前。抱石把它紧紧抱在怀里，不久病就痊愈了。

每每听到这段经历，喻继高总是非常动情。他懂得了为什么先生这样关怀他这个从乡下来的穷学生，常常把自己的纸墨送给他，是抱石先生不忍看到学生再次去经受他自己品尝过的那段艰辛。喻继高感到先生很亲切。

抱石先生非常重视造型基础训练，一开始便让学生用线条写生石膏头像。线描不仅用来勾准轮廓，而且要通过粗细、浓淡、转折表现出立体感。这些雕塑，是徐悲鸿先生从法国购回来的，大卫、拉奥孔、掷铁饼者、思想者……“你要很好地学习张乐平！”因为画《三毛流浪记》的张乐平，是很多人崇拜的画家。

喻继高得到先生的指点，要在传统笔墨的锤炼上下大功夫：他临过《故宫周刊》上的许多名画，诸如《历代帝王图》《华佗造像》《张衡造像》，敦煌壁画摹本《飞天》《供养人像》《送子天王图》，尤其让他难忘的是，抱石先生去北京开会，携来徐悲鸿先生珍藏的《八十七神仙卷》同大的照片，让他练习长线条。先生还拍摄了安徽省博物馆的藏画，给他们开阔眼界。

20 世纪 50 年代初，抱石先生进入了艺术创作上的高峰期，佳作不断问世，他自己还担任了许多的社会工作，显得异常繁忙。即使这样，他还亲自带学生去清凉山、栖霞山、灵谷寺、玄武湖等地写生。平时习惯于室内静物写生的学生们，一旦面对实景，感到无从下手。抱石先生总是耐心地示范，告诉学生怎样用传统的技法表现，并语重心长地说：“十年种树成林易，画树成林半辈难啊！”

跟着先生外出写生，往往成为学生最开心的一刻，因为当几位穷学生来不及赶回吃饭时，先生总是要为学生吃饭付钱。有时，还带着一盒师母装好的干切牛肉给学生。其实，那时不仅学生经济困难，像抱石先生这样的大画家，日子同样不宽裕。1955 年，南京市美术家协会成立，同时要举行第一届美展，抱石先生鼓励同学准备作品参展。在他的鼓励下，全班同学创作的《春夏秋冬》四条屏正式展出，大家极为高兴。

喻继高第一次走进先生的画室，是在毕业后的 1959 年秋天。那时抱石先生刚从湖南回来，为北京人民大会堂江苏厅创作《韶山耸翠》。在喻继高想象中，老师的画室一定窗明几净，布满了字画古董。没想到，是间近乎简陋的画室给喻继高留下了一辈子的印象——除了画室中间放着一张大木头画案，只有靠在墙角里的几卷纸，别的什么也没有。几乎连张椅子也没看见，墙壁和地面到处是墨迹。

抱石先生常对同学们说：“中国画是一门博大精深的艺术，要很好地继承，不能到我们这一代就断绝了。”针对《美术》杂志曾经发表贬低中国绘画传统的文章，他鼓励同学们写文章反驳。在抱石先生的全力支持下，由喻继高等人撰写的《我们对继承和发展民族绘画优秀传统的意见》发表在《美术》杂志1955年第8期上，阐明对民族虚无论的观点。

四年过去了，抱石先生并没有因为喻继高毕业而终止对他的关心和培养，每次去北京荣宝斋、庆云堂时，依然买些熟宣送给他。而喻继高也时时感念先生的深情厚恩。在三年困难时期，喻继高特地从家乡带给先生一串他最喜爱吃的红辣椒。先生投以欣慰的微笑说：“我送你一瓶辣椒粉吧。”随即拿来一瓶他珍藏多年的朱砂粉——喻继高画工笔花鸟，最喜欢用朱砂。

1961年冬，江苏省政协在南京傅

1947年傅抱石先生在上海举办画展时在作品前留影

坐落在南京市汉口西路的傅抱石纪念馆

傅抱石先生雕像

己卯年中秋
喻继高

厚岗29号礼堂开大会。会议期间，要文艺界代表傅抱石、陈之佛、胡小石、蒋仁、亚明等画家作画，抱石先生即要喻继高从画院送来纸墨笔砚。会议休息时，大厅外喻继高便铺好了画纸，研墨，先由陈之佛先生开笔在四尺宣纸的右下角画了一枝蜡梅。陈老落笔后，抱石老师说，继高你来，这时，喻继高一点没有思想准备，顿时全身冒汗，老师鼓励指点“你画一枝山茶花吧”。在文艺界领导及众多艺术家众目睽睽下，喻继高拿起毛笔，蘸了洋红，画了一枝鲜艳的山茶花，配上黄色的蜡梅花，非常精彩，省文化局局长李进说，真是名师出高徒啊！此后，由抱石老师完成，由胡小石先生落款。此画一直悬挂在江苏政协礼堂。

1966年，喻继高正在抄写大字报时，接到了傅师母罗时慧打来的电话，说红卫兵要来抄家。

喻继高急忙带着画院几个人赶到南京市汉口西路的傅老寓所，一大群红卫兵已经把傅老的字画、图册扔到了院子里，扬言要销毁这些“大毒草”。

喻继高急中生智，对领头的红卫兵说：“你们这么轻易地将这些罪证销毁，我们开展批判不是没有证据了吗？如果有人来寻罪证，你们如何交代？”红卫兵在喻继高的劝说下，也就撤走了。

画作是挽救下来了，但是继续放在傅抱石的寓所，感觉还是不太安全。喻继高立刻叫来十几辆三轮车，将字画、纸墨都拉到了设在“总统府”西花园的省国画院仓库，请工人师傅用砖封死了门窗才作罢。

后经多次劫难，近十年的精心保护，总算使429幅作品没有受到损失。《待细把江山图画》《太白行吟图》《平沙落雁》《屈原》《西陵峡》等一系列传世的作品，后经师母和家属全部捐赠给南京博物院。喻继高跟随老师学习、工作十五年，没有老师的只字片纸，唯有对老师崇敬的一颗心。

这种师生关心和培养绝不限于一纸一墨，更在于这位蜚声艺坛的大画家要把他的学生推向社会，让社会锤炼造就更多的艺术家。

牡丹银雉
1984年　纸本　68cm×68cm

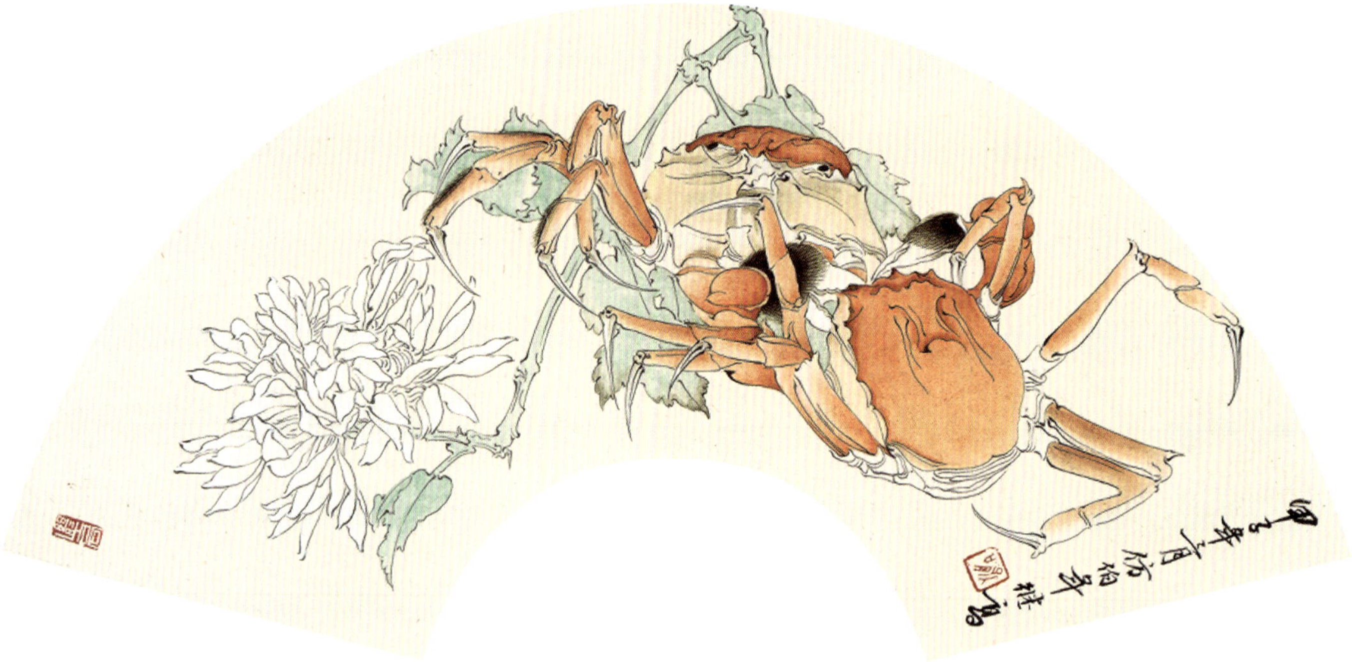

螃蟹　1984 年　纸本　20cm × 56cm

秋菊　1994 年　纸本　20cm × 56cm

牡丹富贵　1984 年　纸本　27cm × 55cm

碧桃幽雀　1991 年　纸本　27cm × 55cm

芳春三月
1990年　纸本
136cm × 60cm

赠作家庞瑞垠

喻继高

往事如烟思悠悠，
西园识君六十秋。
君著文章我作画，
风雨砥砺志未酬。

盼 2007 年 纸本 140cm × 237cm

樱花鸳鸯 1989 年 纸本 68cm × 90cm

绣球双禽 1994年 纸本 126cm×60cm

人民美术家·喻继高卷

艺术年表 »

喻继高艺术年表

1932 年　壬申　1 岁

农历七月二十五日午时生于江苏省铜山县棠张乡喻庄村，父喻明增，母薛鸿菊，祖辈诗书传家。

1945 年　乙酉　13 岁

乡文庙高小毕业，同年考入徐州大彭中学，后转入铜山兴华中学和徐州中学，受到画家王仲文、刘乐夫老师的启蒙教育。

1949 年　己丑　17 岁

初中毕业，考入徐州第三中学，受教于画家李雪鸿老师，开始接触中国画及其他基础课程。

1951 年　辛卯　19 岁

高中毕业，考入南京大学艺术学系，师从艺术大师傅抱石、陈之佛先生等，系统地接受绘画理论及技巧学习，学业大进，并有作品被选入第一届南京美展。

1955年　乙未　23岁

以优异成绩毕业于南京师范学院美术系，进入江苏省美术工作室从事创作活动。

1956年　丙申　24岁

作品《夭桃弄春色》《牡丹蛱蝶》参加江苏省青年美术作品展览并获奖，后又被选送参加全国青年美术展览，并赴缅甸、巴基斯坦展览。

1957年　丁酉　25岁

参与筹备成立江苏省国画院，与傅抱石院长及其他著名画家共同切磋艺事，确立工笔花鸟画的创作与研究方向。

1958年　戊戌　26岁

为北京钓鱼台国宾馆绘制《牡丹群鸽图》，为南京艺术学院开设工笔花鸟画课程。

1959年　己亥　27岁

协助陈之佛先生绘制巨幅《松龄鹤寿图》，该原作现藏于南京博物院，由苏绣艺术家以《松龄鹤寿图》为蓝本制成双面彩绣，置放在北京人民大会堂江苏厅里。同年与杨建侯教授合作绘制《孔雀图》。

1960年　庚子　28岁

赴连云港鸿门果园写生，归来创作《葡萄小鸟》等作品。

1962年　壬寅　30岁

1月，恩师陈之佛仙逝，参与治丧安葬于南京雨花台望江矶等事务。

作品《春光烂漫》参加全国第三届美术作品展览。

1965年　乙巳　33岁

9月，恩师傅抱石仙逝，参与治丧安葬事务。

“文化大革命”中历尽千辛妥善保管傅先生429幅作品数年，使之免遭损毁。

旭日　1994年　纸本　110cm×346cm

1972年　壬子　40岁

作品《荷香鸭肥》参加江苏省美术作品展览，并出版发行近50万张，大获好评。

1974年　甲寅　42岁

《荷香鸭肥》《葡萄小鸟》在加拿大蒙特利尔举办的第26届国际博览会上展出。

1975年　乙卯　43岁

调入江苏省美术创作组任副组长。

应中国美术馆之邀，创作《群鸭戏荷》参加中国绘画展赴菲律宾展出（此作于1979年被菲律宾总统收藏）。

1976年　丙辰　44岁

接受国家交通运输部交给江苏画家布置专列的任务，率队赴三峡、嘉陵江、峨眉山、昆明、桂林等地写生作画，历时四个月。

创作《梨花春雨》《杜鹃山雀》等。

1977 年　丁巳　45 岁

创作《芭蕉丹柿》《牡丹绶带》，在香港展出。

1978 年　戊午　46 岁

江苏省国画院正式恢复，在画院创作巨幅工笔画《孔雀图》《荷塘群鸭》，分别赴中国香港和伊朗展出。

1979 年　己未　47 岁

4 月，赴山东菏泽写生得稿数十幅，应邀至曲阜师范学院、浙江美术学院讲学。

9 月，重游山东人文自然景观。

作品《牡丹银雉》参加在日本举办的第一届亚洲美术展。

作品《荷香鸭肥》《葡萄小鸟》为江苏省美术馆收藏。

1980 年　庚申　48 岁

4 月，参加江苏省第四届美术家代表大会，被推选为常务理事兼副秘书长。

应邀赴安徽师范大学讲学。

作品《樱花小鸟》等四幅作品赴日本名古屋博物馆展出，并被该馆收藏。

1982 年　壬戌　50 岁

7 月，应中国美术家协会之邀，参加在北京举办的花鸟画学术研讨会，《工笔花鸟画技法和创作》专著脱稿。

作品《樱花山雀》《荷塘双鸭》为中国

春曲　1985 年　纸本　99cm×41cm

画研究院收藏。

作品《芭蕉丹柿》由文化部（现文化和旅游部）选送参加在南斯拉夫里耶卡举办的第八届国际绘画展览。

1983 年　癸亥　51 岁

创作巨幅工笔画《莲塘戏鹤图》。

作品《初春》《茶花鹦鹉》等分别参加赴印度、圭亚那、约旦、尼泊尔等国家的中国画展览。

香港三联书店和广州花城出版社出版专集挂历。

会见日本著名画家平山郁夫先生。

1984 年　甲子　52 岁

被任命为江苏省国画院副院长。

6 月，赴山东参加全国第六届美术家代表大会，其间与其他画家们共商筹备“中国当代工笔画学会”事宜。

《喻继高工笔花鸟画选集》由人民美术出版社出版。

作品《玉兰锦鸡》参加现代中国画展览赴苏联展出。

作品《樱花双鸽》等被中国美术馆收藏。

1985 年　乙丑　53 岁

7 月，赴日本访问。

作品《梨花春燕》为江苏省美术馆收藏。

《玉兰锦鸡》获江苏省国画院、美术馆联展一等奖。

《瑞鹤图》获“全国年画展”三等奖。另有作品赴保加利亚展出。

1986 年　丙寅　54 岁

9 月 11 日，“喻继高工笔花鸟画展”在中国美术馆开幕。国家领导人及画坛巨匠出席开幕式，并参观展览，多家报刊以显著篇幅作专题介绍。作品《松鹤长春》赠邓小平收藏。

11 月，应香港集古斋和中国国际书店之邀，出席在香港举办的“中国现代工笔画展览”。

应聘为南京师范大学徐悲鸿奖学金委员会委员。

为南京丁山宾馆绘制巨幅工笔画《孔雀戏春图》。

出版专集挂历《花言鸟舞》。

1987年　丁卯　55岁

被评为国家一级美术师职称。当选为“中国当代工笔画学会”副会长。

5月，为南京人民大会堂绘制巨幅工笔画《松鹤长春》。

11月，应中国美术家协会艺术委员会之邀，参加在北京举办的“全国中国画艺术研讨会”，并发表论文。

1988年　戊辰　56岁

当选为江苏省花鸟画研究会名誉会长。

在广州举办“喻继高工笔花鸟画展”。

作品《梨花双鸭》参加当代工笔画首届大展。

《松鹤长春》被毛主席纪念堂收藏。

1989年　己巳　57岁

1月，江苏省政府授予有特殊贡献的中青年专家称号，并颁发证书。

为广州东方宾馆国际会议厅绘制特大工笔花鸟画，历时三月有余。

为北京天安门城楼及其他机构共绘制巨幅工笔画三幅。

《喻继高中国画集》出版，收入作品20幅。

作品《梨花春燕》参加全国第七届美术作品展览，并获铜奖，被选赴日本展出。

1990年　庚午　58岁

被聘为中国画研究院院务委员会委员。

1991年　辛未　59岁

作品《牡丹锦鸡》获中国工笔画第二届大展优秀作品奖。

《梨花春燕》《樱花双鸽》《瑞鹤图》等多幅作品被收入《当代中国画名家作品》

《当代著名中国画家作品选集》等大型画册。

为北京中南海绘制《春色》。

赴深圳、珠海、厦门访问作画。

1992年　壬申　60岁

2月，赴云南西双版纳写生作画三月有余，得写生稿百余幅。

5月，赴福州访问。

7月，应邀参加全国首届花鸟画展评选工作，作品《樱花鸳鸯》参展。

10月，参加江苏省文联第五次代表大会。

1993年　癸酉　61岁

国务院颁发证书，表彰喻继高为发展我国文化艺术事业作出的特殊贡献。

2月，为国务院紫光阁西花厅作巨幅工笔画《莲花颂》。

4月，为古南都饭店绘制巨幅工笔画《樱花阡陌上》。

8月，应邀赴北京为钓鱼台国宾馆创作巨幅工笔画《梅鹤迎春图》。

11月，参加江苏省美术家协会第四次代表大会，当选为江苏省美术家协会副主席。

1994年　甲戌　62岁

由台湾亚太文化交流协会出版《喻继高画集》。

4月，作品《松鹤长春》参加“第三届中国工笔画大展”，获荣誉奖。

1996年　丙子　64岁

4月，应邀为中南海瀛台国家领导人办公室绘制大幅作品《瑞鹤图》。

6月，作品《梨花春燕》《鸳鸯戏水》被收入《中国现代美术全集》。

江苏美术出版社出版精装本《喻继高画集》。

1997年　丁丑　65岁

5月25日在联合国总部举办个人画展，并荣获联合国文委会颁发的奖状，表彰喻继高在中国传统绘画上的卓越成就以及对世界文化交流做出的巨大贡献。

1997年5月，喻继高应美国纽约联合国文委会邀请在总部大厅举办画展，文委会副秘书长塔拉迪向喻继高颁发奖牌表彰他在中国绘画上的卓越成就以及对世界文化交流做出的杰出贡献

1997年5月，中国驻联合国全权大使王学贤出席喻继高在美国纽约联合国总部画展开幕式并与喻继高共举奖牌留念

喻继高与美俄文化交流中心主任在喻继高美国纽约联合国总部画展现场合影

1998年　戊寅　66岁

多幅作品收入《纪念周恩来诞辰100周年美术作品集》。

当选为中国文联牡丹书画研究会常务副会长。

1999年　己卯　67岁

2月，参加“江苏省美术家协会主席团成员、秘书长画展”。

3月至6月，在北京中南海为202接待大厅创作巨幅工笔花鸟画《苍松瑞鹤沐朝晖》。这幅作品长8.15米、宽2.8米，是用4张半丈二匹纸相拼接而成，是他从艺生涯中绘制的最大一幅画，是中南海最大一幅工笔花鸟画，也是中国历史上最大一幅工笔花鸟画。

作品《樱花鸳鸯》入选《新中国美术50年》大型精装画集。

2000年　庚辰　68岁

4月，天津杨柳青出版社出版《现代工笔画家喻继高》大四开画集。

5月，赴河南洛阳参加“国际牡丹花会”；中国工人出版社出版《名家名画——喻继高作品》。

6月，北京工艺美术出版社出版《喻继高工笔花鸟画集》。

8月，《扬子晚报》刊登长篇回忆文章《傅抱石作品是如何逃过劫难的》，由作家纪太年整理。《南京日报》《金陵晚报》连载长篇传记文学《画家喻继高》。

2001 年　辛巳　69 岁

与范保文、朱葵、华拓、卢星堂、盖茂森、贺成、叶维、赵文元共 9 人在江苏省美术馆联合举办“迎接新世纪 · 中国画九人展”。

1 月，在中南海受到江泽民主席长达 4 小时的亲切接见，并共进晚餐、合影留念，同时受邀的艺术家还有启功、沈鹏、白雪石、欧阳中石、刘炳森等人。

作品《梨花春燕》参加“百年中国画大展”。

2002 年　壬午　70 岁

5 月 8 日，受到时任全国政协主席李瑞环亲切接见。应邀为全国政协绘制巨幅工笔画《春满神州》《瑞鹤迎春》。

10 月 29 日，喻继高等人参加的“江苏国画优秀作品展”应邀在全国政协礼堂展出，李瑞环主席参加画展开幕式并高度评价其作品。

2003 年　癸未　71 岁

4 月，《喻继高工笔花鸟画艺术》由中国民族摄影艺术出版社出版。

9 月，“江苏画派名家九人展”在上海美术馆展出，后移至南京博物院展出。

11 月，中央电视台《东方之子》栏目组拍摄播放《画家喻继高》。

12 月 5 日，在全国第六届美代会上被当选为中国美术家协会理事。

2004 年　甲申　72 岁

1 月，为中央领导人接待厅创作巨幅工笔画《春和景明》。

2 月，作品及文章入选时代文艺出版社出版的《走进江苏国画家》。

4 月，喻继高省亲画展在江苏徐州市博物馆展出。中央电视台、《人民日报》、《新华日报》、《扬子晚报》、《江南时报》、香港《大公报》、南京电视台、徐州电视台等众多媒体报道。

6 月，《名人笔下的喻继高》由吉林人民出版社出版。

9 月，《国画家》杂志重点推出喻继高作品。

9 月 2 日，出席由文化部、江苏省人民政府主办，于南京博物院举办的“其命唯新——傅抱石百年诞辰作品展”。

10 月，《当代名家技法图例经典——喻继高工笔花鸟》由中国工人出版社出版。《世界知识画报》刊登喻继高作品。

2005 年　乙酉　73 岁

4 月，作品《春江水暖》被北京荣宝拍卖有限公司拍出 44 万元高价。

5 月 16 日，受到全国政协主席贾庆林的亲切接见。

5 月 22 日，应邀出席由江苏省文联、中央美术学院、中国美术家协会主办的“靳尚谊艺术回顾展”（江苏省美术馆）。

6 月，《当代中国画家研究 · 喻继高》由中国工人出版社出版。

9 月，为全国第十届运动会创作《晴雪图》。文化部《艺术市场》杂志连续六期隆重介绍喻继高及其作品。

10 月，被“中国百家金陵画展”组委会聘为评委，作品《春和景明》应邀展出。中央新闻纪录电影制片厂、中央电视台联合摄制专题片《当代名家喻继高》，并在央视十套播放。安徽美术出版社出版《中国工笔画家喻继高》，一年后更名为《喻继高艺术之路》再版。

11 月，江苏文化艺术研究院聘请喻继高为研究员。《艺术 · 生活 · 创作——喻继高》由安徽美术出版社出版。东南大学邀请喻继高做学术报告并聘请其担任兼职教授。

12 月，被南京博物院聘为研究员。被江苏省国画院聘为艺术顾问。

2006 年　丙戌　74 岁

1 月，纪太年撰写的《大匠风范——喻继高画传》由作家出版社出版。

5 月，喻继高艺术馆在徐州奠基，原国家主席江泽民同志题写馆楣。

6 月，《喻继高近作选》由天津杨柳青画社出版。《当代画史名家经典作品集 · 喻继高卷》由河北教育出版社出版。

8 月，创作丈六巨作《莲花赋》。

9 月 13 日，喻继高从艺 55 周年学术研讨会在南京举行。

9 月 30 日，出席由中共江苏省委宣传部、江苏省文化厅（现江苏省文化和旅游厅）、江苏省教育厅、江苏省文联主办，南京艺术学院、刘海粟美术馆（上海）、刘海粟美术馆（常州）承办的“陈之佛诞辰 110 周年纪念大会”。

与国学大师史树青先生合影

喻继高与王琦（右一）、邹佩珠（右二）合影

喻继高与当代草圣林散之先生合影

10月，《荣宝斋画谱·工笔花鸟（喻继高绘）》由荣宝斋出版社出版。

11月，《中国当代工笔画大家喻继高访谈录》由文化艺术出版社出版。作品《瑞鹤迎春》被荣宝拍卖公司拍出148万元高价。

2007年　丁亥　75岁

1月，担任中国当代著名画家绘制奥运陶艺挂盘系列活动总策划、总顾问。

6月，赴天津与何家英、赵国经等画家进行艺术交流。

7月，大四开豪华画集《中国著名画家喻继高画集》由天津杨柳青画社出版，并在北京人民大会堂贵州厅举行首发仪式。

9月，赴香港参加“庆祝香港回归十周年苏港书画名家作品联展”。

10月，作品参加第三届中国画作品展览。

11月，与张仃、张立辰、刘国辉、何家英等5人荣获第三届百家金陵画展艺术贡献奖。

12月，《中国近现代名家画集·喻继高》由人民美术出版社出版。

2008年　戊子　76岁

1月，《丹青典藏·喻继高卷》由北京工艺美术出版社出版。

7月，由喻继高主持绘制的陶艺挂盘作为奥运国礼赠予国际奥委会官员及各个国家、地区参赛代表团及五大洲共同为奥运事业努力的海内外知名人士。原国际奥委会副主席何振梁称赞陶艺挂盘“融国际性与民族性于一体，成为继金镶玉奥运奖

与著名书法家、革命前辈武中奇先生亲切交谈

喻继高与中国美协副主席华君武先生在一起

牌、祥云火炬之后，北京奥运会上展示我国传统文化的又一艺术作品”。

8月，《中国当代著名国画家精品选——喻继高画集》由中国文联出版社出版。

9月，被南京师范大学美术学院聘为艺术硕士研究生导师。

9月15日，南京大学美术研究院设立喻继高教授艺术研究室。江苏省政协主席张连珍为喻继高教授艺术研究室揭牌。以此推动中国工笔画的传承与创新。

2009年　己丑　77岁

9月，作品《春和景明》参加第十一届全国美展。

12月，作品《荷塘月色》参加全国百家金陵画展。

12月8日，赴澳门参加“庆祝澳门回归祖国十周年画展”。

2010年　庚寅　78岁

1月，《中国工笔花鸟画精品集·喻继高》由人民美术出版社出版。

2月，参加在西安举行的新金陵画派、冰雪画派、岭南画派、南昌画派、海上画派、浙江中国人物画派、黄土画派、黄山画派、关东画派、漓江画派等十大画派联合举办的“第二届中国当代画派联谊会画展”。

6月，《继往开来——中国画领军人物作品·喻继高卷》由江西美术出版社出版。

10月，《中国近现代名家作品选粹——喻继高》由人民美术出版社出版。

与星云大法师亲切会面

喻继高与邵大箴、华拓、谢志高先生合影

10月17日，“当代国画大师喻继高艺术画展”在中国美协胥口展览中心开展。

12月，《人民艺术家喻继高画传》由河北教育出版社出版。

12月14日，“诸子2010·至真、至美喻继高、喻慧父女工笔花鸟画联展”在南京东宝大厦诸子艺术馆开幕。

2011年　辛卯　79岁

6月22日，中央电视台科教频道《人物》栏目播出《画家喻继高》专题片。

7月25日，作品《白羽醉风》在南京经典2011春季艺术品拍卖会上，以690万元人民币成交。

9月25日，作品《瑞鹤朝晖》在南京经典2011夏季艺术品拍卖会上，以673.9万元人民币成交。

10月9日，由江苏省中华文化促进会、台湾“中华文化协会”主办，南京万安文化传媒有限公司承办的纪念辛亥革命100周年“大道和谐行——喻继高、范光陵诗意书画展”在南京“总统府”开幕。

2012年　壬辰　80岁

1月7日，作品《梅鹤迎春》在南京经典2011秋季艺术品拍卖会上，以1035万元人民币成交。《梅鹤迎春》不仅刷新了喻继高个人作品成交价最高纪录，而且

喻继高是人民艺术家，倡导艺术为人民服务，他经常深入群众将自己印制的年画送到群众家中

还创出了国内当代工笔花鸟画拍卖的最高纪录。

5 月 10 日，参加母校东南大学 110 周年校庆，向母校捐赠 110 份校庆陶艺礼盘，为母校 110 周年生日献礼。

5 月 16 日，参加母校南京大学 110 周年校庆，向母校捐赠了他的工笔画及书法作品。

5 月，《中国画名家精品工笔花鸟 · 喻继高》由荣宝斋出版社出版。

8 月 2 日，作品《春和景明》参加“创意城市 · 2012 伦敦美术大展”并荣获金奖。

9 月 1 日，应邀在加拿大温哥华举办个展，中国驻温哥华领事馆总领事刘菲女士以及加拿大政府有关领导等各界人士 300 余人出席。10 月 20 日，担任由江苏省文联、徐州报业传媒集团、徐州市文联主办，江苏省文联书画研究中心、喻继高艺术基金会、徐州艺术馆承办的“江苏省工笔画大展”的总策划、总顾问，画展在徐州开幕，巨幅新作《春满神州》参展。

2013 年　癸巳　81 岁

1 月 14 日，被江苏省中华文化促进会、中国江苏网联合授予“江苏省 2012 中华文化人物”荣誉称号。

4月18日，向江西峡江福民俊杰学校捐款10万元人民币，支持江西革命老区的教育事业。

5月13日，在南京受到国家原主席江泽民的亲切接见。

5月22日，荣获江苏省委、江苏省人民政府联合颁发的江苏省宣传文化领域最高奖——“紫金文化荣誉奖章”。

7月，中国当代美术家艺术研究《大师之路——喻继高艺术人生》由北京工艺美术出版社出版。

10月22日，由中共徐州市委、徐州市人民政府、江苏省文化厅（现江苏省文化和旅游厅）、江苏省文联、李可染艺术基金会主办，中共徐州市委宣传部、徐州文广新局、徐州市文联、徐州报业传媒集团、徐州广播电视传媒集团承办，江苏省美术馆、江苏省美术家协会、江苏省书法家协会协办的“汉风墨韵——李可染暨‘彭城画派’书画作品展’在江苏省美术馆开幕。巨幅新作《瑞鹤迎春》《瑞鹤沐晨晖》参展。

2014年　甲午　82岁

3月19日，由中共徐州市委、徐州市人民政府、江苏省文化厅（现江苏省文化和旅游厅）、江苏省文联、李可染艺术基金会、北京彭城两汉文化艺术交流中心主办，中共徐州市委宣传部、徐州文广新局、徐州市文联、徐州报业传媒集团、徐州广播电视传媒集团承办的“汉风墨韵——李可染暨彭城画

蕉荫栖雀　1989年　纸本　109cm×40cm

喻继高给业余作者做示范

喻继高向小学生讲解绘画知识

派美术作品晋京展”在中国美术馆开幕。作品《春满神州》《秋荷白鹭》参展。

7月15日，国民党荣誉主席连战为喻继高艺术馆题写“艺誉乾坤”，喻继高将其题字捐赠给江苏省档案馆收藏。

10月23日，江苏国际频道《纪录》栏目播出专题片《文化名家喻继高》。

2015年　乙未　83岁

3月27日，担任由南京青年奥林匹克运动会组委会、江苏省委宣传部主办的“水墨行走·感动青奥”大型艺术公益活动总顾问。

创作《雪梅醉月》巨幅工笔重彩画。

2016年　丙申　84岁

3月，《花鸟鸣春——喻继高传》由中国文联出版社出版。

5月28日，由中国美术馆、江苏省文化厅主办的“金陵风骨·其命惟新——江苏省国画院60年·中国画书法作品展”在中国美术馆开幕。作品《咏白鹭》《春和景明》参展。

7月，《中国著名画家·喻继高》由天津杨柳青画社出版。

10月16日，由江苏省人民政府主办，徐州市委、徐州市人民政府、江苏省文

喻继高给热情的读者签名

在上海美术馆与外宾亲切交谈

化厅承办的喻继高艺术馆开馆仪式在喻继高的家乡徐州市铜山区棠张镇举行，时任江苏省政协副主席罗一民，时任徐州市委书记张国华为喻继高艺术馆揭牌，时任徐州市市长周铁根致辞，时任徐州市政协主席李荣启等多位徐州市委领导出席开馆仪式。

2017 年　丁酉　85 岁

3 月，《世纪之风——中国画教学文献 · 喻继高》由上海人民美术出版社出版。

9 月 7 日，巨幅工笔花鸟画作品《春和景明》受邀在英国维多利亚与艾尔伯特博物馆展出，这是该馆亚洲厅少有的中国当代艺术作品的展览。

9 月 24 日，参加中国人民解放军建军 90 周年暨新四军成立 80 周年纪念大会，向大会捐赠四尺整纸花鸟画和书法作品各 1 幅。

10 月 16 日，作品《孔雀》受邀参加“金陵风骨其命惟新——江苏省国画院 60 年 · 画院名家书画作品展”。

12 月 20 日，由中国美术家协会和中国工笔画学会联合主办的“不忘初心砥砺前行——贯彻十九大精神暨庆祝中国工笔画学会成立三十周年名家学术邀请展”在北京八一美术馆开幕。作品《瑞鹤迎春》受邀参展。

2018年　戊戌　86岁

温哥华国际书画艺术中心特聘喻继高为海外荣誉艺术顾问。

创作巨幅工笔画《鹤中明星》《荷花鹭鸶》《春和景明》《和平之春》《南国芳春》《春江水暖》。

9月28日，“格物精微　意象抒怀——孙其峰、喻继高、郭怡孮、叶毓中、龚文桢中国画精品特邀展”在书画频道艺术交流中心举行。喻继高的《春和景明》《国色天香》《瑞鹤迎春》《瑞鹤沐晨晖》等15幅作品展出。

2019年　己亥　87岁

1月24日，第九届“盛世春光——2019江苏省国画院新春献礼·贺岁大展”在江苏省美术馆开幕。喻继高多幅工笔花鸟巨幅新作《新春雅韵》《梨花春燕》《锦鸡报春》《梅鹰图》等参展。

8月29日，由江苏省人民政府参事室、江苏省文史研究馆主办，南京图书馆、江苏省文史研究馆书画院承办的“走进新时代——庆祝中华人民共和国成立70周年书画展”在南京图书馆开幕。作品《芳园春晖》《岭南早春》参展。

9月20日，以喻继高命名的“深圳大学喻继高中国工笔画研究院”成立揭牌仪式暨“鸟语花香·春色满园——喻继高作品展”于深圳大学美术馆举行。近20家媒体记者到场采访报道。

2020年　庚子　88岁

1月14日，由江苏省文化和旅游厅主办，江苏省国画院、江苏省美术馆、现代快报+ZAKER南京承办的第十届“盛世春光——2020江苏省国画院新春献礼·贺岁大展”在江苏省美术馆开幕。巨幅作品《鹤中明星》参展。

1月23日，赴日本访问，会见日本著名画家上村纯一，交流绘画艺术。

8月10日，“九如之颂——喻继高先生九十寿辰”庆祝仪式在南京国宾馆隆重举行。

2021年　辛丑　89岁

8月，《梨花春燕——喻继高诗集》由江苏凤凰文艺出版社出版。

11月6日，由中国美术家协会、中国美术馆、中共江苏省委宣传部、江苏省文化和旅游厅、江苏省文学艺术界联合会、深圳大学主办，江苏省美术家协会、深圳大学喻继高中国工笔画研究院承办的“春满神州——喻继高绘画展”在中国美术馆开幕。此次展览共展出喻继高作品100余幅，其中大型创作10余幅，多为他近年创作的精品。中央电视台、江苏卫视、人民网、中国青年报等多家媒体专题报道。

2022年　壬寅　90岁

“春色满园——喻继高绘画展”在中国美术馆开幕，展出了他从艺工笔重彩画七十周年的全部作品，展期20天。

4月，中央电视台三套《文化十分》栏目播出《画家喻继高：肩负着民族的责任创作人民群众喜闻乐见的作品》专题片。

9月7日，由深圳大学、中国美术家协会美术理论委员会主办，深圳大学饶宗颐文化研究院、深圳大学喻继高中国工笔画研究院承办，墨轩（北京）文化传媒有限公司协办的“喻继高艺术成就与二十世纪中国工笔花鸟画发展学术研讨会”在中国国家画院举行。

2023年　癸卯　91岁

5月18日，为庆祝南京大学建校121周年，由南京大学主办，南京大学博物馆、南京大学艺术学院、江苏省花鸟画研究会承办，江苏喻继高艺术基金会、江苏汉天锦辰文化艺术发展有限公司、江苏阿波堂文化发展有限公司协办的“盛世繁花——喻继高绘画艺术作品展”在南京大学美术馆开幕。本次展览汇集了喻继高70余年艺术长河中精心创作的51幅画作。